DANS LA MÊME COLLECTION

QU'EST-CE QUE L'INTENTIONALITÉ ?

COMITÉ ÉDITORIAL

CHEMINS PHILOSOPHIQUES

Collection dirigée par Roger POUIVET

Valérie AUCOUTURIER

QU'EST-CE QUE L'INTENTIONALITÉ ?

Paris
LIBRAIRIE PHILOSOPHIQUE J. VRIN
6, place de la Sorbonne, V^e
2012

G.E.M. Anscombe, « The Intentionality of Sensation », *Metaphysics and the Philosophy of Mind : Collected Philosophical Papers*, Vol. 2
© Blackwell/Wiley 1983, translated with permission.

© *Librairie Philosophique J. VRIN,* 2012

Imprimé en France

ISSN 1762-7184

ISBN 978-2-7116-2416-4

www.vrin.fr

QU'EST-CE QUE L'INTENTIONALITÉ ?

INTRODUCTION :
ENTRE TÉLÉOLOGIE ET GNOSÉOLOGIE

Lorsque je vois un arbre, l'arbre n'est pas littéralement dans mon esprit. Dès lors, qu'est-ce qui est dans mon esprit ? Aristote dirait que si l'être matériel de l'arbre n'est pas dans mon esprit, c'est sa forme qui se présente à moi quand je le vois. Mais quel est le statut ontologique de cet « objet » mental ? Comment est-il possible d'avoir quelque chose à l'esprit, de voir ou de penser à quelque chose sans que cette chose soit littéralement présente dans notre esprit ? Comment caractériser cette capacité spécifique de l'esprit à se rapporter à quelque chose ? Ces questions nous plongent au cœur du problème de l'intentionalité[1], problème qui oscille constamment entre la question de la nature ontologique des *objets* intentionnels (de pensée, de perception, etc.) et celle de la nature du *mental* et de cette capacité propre à l'esprit de se rapporter à quelque chose. Comment rendre compte de

---

1. Nous écrivons « intentionalité » avec un seul « n » pour indiquer que nous ne nous intéresserons pas exclusivement à l'intentionnalité de la phénoménologie.

l'existence de ces phénomènes qui sont, à première vue, profondément immatériels et éminemment subjectifs? Et comment retrouver, à travers l'intentionalité, l'objectivité du monde?

On a coutume, en philosophie, de distinguer la problématique de l'intention et de la visée, propre à la philosophie de l'action, de celle de l'intentionalité, qui caractérise plus spécifiquement un rapport de l'esprit au monde – et, par transitivité, du langage au monde – et dont on trouve un exemple privilégié dans la perception. En réalité, même si ces distinctions sont importantes, J.-L. Solère montre[1] que le sens pratique et le sens gnoséologique ou cognitif d'«intention» ont une seule et même origine, celle de la «tension»: «d'une manière générale, *intentio* renvoie (…) à l'idée de "diriger vers" (*intendere*), avec une tension, un effort. Et cela peut s'entendre (…) soit du désir et de l'action, soit de l'intellect»[2]. Ce qu'il y a de central dans la notion d'*intentio*, c'est la double idée d'*attention*, de focalisation, donc l'idée de la sélection dans un cadre général d'éléments auxquels on porte une attention particulière, et de *tension* vers, de désir (lorsqu'on fixe, par exemple, son attention sur le détail du visage de quelqu'un, ou qu'on porte son désir vers un objet particulier)[3].

La notion d'intentionalité caractérise ainsi, depuis son origine scolastique, une spécificité de l'esprit ou de la conscience, celle d'être à propos de quelque chose, de pouvoir porter sur ce qui lui est extérieur. Ce trait la distingue de ce qui

---

1. J.-L. Solère, «Tension et intention: esquisse de l'histoire d'une notion», dans L. Couloubaritsis, A. Mazzù, *Questions sur l'intentionnalité*, Bruxelles, Ousia, 2007, p. 59-124.

2. *Ibid*, p. 72.

3. *Ibid*, p. 70-71.

appartient au domaine du physique, du matériel ou du naturel (pris en un certain sens). Cette notion est, d'autre part, intimement liée à celle d'intention, puisqu'elle peut désigner le caractère intentionnel (réalisé avec une intention) d'un acte, d'une parole, d'une déclaration, etc. Mais il lui arrive aussi d'exprimer plus particulièrement le caractère *téléologique* d'un événement ou d'une attitude. Les philosophes scolastiques empruntent parfois[1] à Aristote cette approche téléologique de l'explication de certains phénomènes, y compris physiques, qu'on explique par leurs buts ou leur tendance naturelle (comme la pierre qui ne peut s'empêcher de choir). L'usage de la notion d'intentionalité devient alors analogique. Ainsi, même si l'on peut faire ressortir un noyau dur de la notion d'intentionalité, sous la forme de la visée ou de la disposition, d'un rapport de quelque chose à une extériorité ou à un but, celle-ci est loin d'être univoque.

Il serait bien trop long et trop complexe de s'arrêter sur les racines scolastiques de la notion d'intentionalité[2]. Pour n'en dire que quelques mots, soulignons que c'est F. Brentano, et non la tradition scolastique, qui fait de l'intentionalité un trait essentiel de tous les actes mentaux. Si c'est bien la scolastique médiévale qui, notamment par les traductions arabo-latines d'Aristote, a thématisé la notion d'*intentio* et en particulier le problème de l'(in-)existence (*dans* l'esprit) des objets intentionnels, ce ne sont cependant pas les médiévaux qui ont fait de l'intentionalité la marque du mental. Leur problème

1. Voir J.-L. Solère, « La notion d'intentionnalité chez Thomas d'Aquin », *Philosophie* 24, Paris, Minuit, 1989, p. 13-36.
2. Si toutefois une telle notion existe. Voir l'article « Intentio » de A. de Libera dans C. Gauvard, A. de Libera, M. Zink (dir.), *Dictionnaire du Moyen Âge*, Paris, P.U.F., 2002, p. 722-724 ; ainsi que *La querelle des universaux de Platon à la fin du Moyen Âge*, Paris, Seuil, 1996.

était en effet de comprendre l'articulation de deux modes d'être d'un objet : son être matériel, *esse materiale*, et son être intentionnel, *esse intentionale*, dans nos actes sensoriels et intellectuels[1]. Ils ne retranchaient pas systématiquement l'intentionalité du côté d'une pure conscience. Comme le souligne A. de Libera, bien qu'elles trouvent déjà chez Aristote l'idée d'une « inhabitation intentionnelle », d'un mode d'être immanent au psychisme, les discussions scolastiques ne prennent pas pour cadre la dichotomie du sujet et de l'objet (plutôt héritée de R. Descartes). La saisie intentionnelle (par l'esprit) ne distingue alors pas l'image de la chose dont elle est l'image ; la forme n'excède pas l'objet dont elle fait partie. L'immanence psychique n'est pas subjective[2].

Ainsi, Thomas d'Aquin distingue le mode d'existence intentionnel (*esse intentionale*) du mode d'existence naturel (*esse naturale*) d'une chose : le mode d'existence naturel, c'est le mode d'être de la chose indépendamment du fait qu'on la perçoit, la pense, la désire, etc. ; le mode d'existence intentionnel de quelque chose, c'est son mode d'existence lorsqu'elle est saisie (c'est-à-dire perçue, pensée, voulue, désirée, etc.) par un esprit. Et il y aurait une identité *formelle* entre l'objet extra-mental et sa saisie par un esprit. Les vues de Thomas se distinguent ainsi de leur reprise par la tradition phénoménologique en ce qu'il ne conçoit pas, comme le fera cette dernière, le mode d'existence intentionnel de l'objet comme une *visée* de la conscience. Il n'introduit pas de dichotomie entre l'objet en tant qu'il est visé et l'acte mental qui consiste à

---

1. D. Perler, *Théories de l'intentionnalité au Moyen Âge*, Paris, Vrin, 2003, p. 30.

2. A. de Libera, *La querelle des universaux…*

le viser : c'est la pensée de l'objet elle-même qui constitue son *esse intentionale* [1].

Dans la philosophie contemporaine, la tendance serait plutôt de placer l'intentionalité du côté du mental, entre autres pour essayer ainsi de se débarrasser du problème de l'existence des objets intentionnels. Car ce seraient davantage les impressions du sujet pensant et percevant qu'il faudrait interroger, en mettant entre parenthèses *ce* qu'il perçoit réellement. L'un des enjeux de cet ouvrage est d'interroger et d'envisager les limites de cette perspective, pour tâcher de réconcilier les deux aspects du problème de l'intentionalité : d'un côté, sa dimension de visée ou de point de vue et, de l'autre, les objets intentionnels auxquels celle-ci se rapporte.

Deux grandes traditions philosophiques contemporaines se sont emparées de la notion d'intentionalité : la phénoménologie, d'une part, dans une filiation brentanienne [2], et la philosophie analytique de l'esprit et de l'action, d'autre part, dans une filiation notamment wittgensteinienne [3].

Brentano employait la notion d'intentionalité pour distinguer les faits psychiques des faits physiques. « L'intentionnalité est la marque du mental » [4] : ainsi, le propre des faits psychiques serait de porter sur quelque chose, d'avoir un objet (de conscience, de perception, etc.), sans que cet objet soit nécessairement réel ou physiquement existant (il peut être

1. R. Pouivet, *Après Wittgenstein, saint Thomas*, Paris, P.U.F., 1997, p. 49-50 et p. 56.
2. F. Brentano, *Psychologie du point de vue empirique*, trad. fr. M. de Gandillac, Paris, Vrin, 2008.
3. L. Wittgenstein, *Recherches Philosophiques* (désormais *RP*), trad. fr. F. Dastur *et al.*, Paris, Gallimard, 2004.
4. F. Brentano, *Doctrine du jugement correct*, trad. fr. M. de Launay, Paris, Gallimard, 2003.

fictif, de désir, etc.). Par contre, les faits physiques ne sont pas à propos de quelque chose, ils sont *tout court*. À la suite de Brentano, E. Husserl caractérisera la conscience par l'intentionnalité (par cette propriété qu'elle a de viser quelque chose) non pas sur le mode d'une relation entre deux choses (la conscience et son objet), mais comme la caractéristique ontologique *essentielle* de la conscience : celle d'être toujours conscience de quelque chose[1]. C'est ainsi que la phénoménologie articule l'idée d'une phénoménalité propre au monde (indépendante de la conscience), qui pourtant ne peut être saisie qu'à partir des apparences, en tant qu'être pour une conscience ou objet intentionnel.

Cette notion de « visée » demeure dans l'approche analytique, mais cesse, dans une certaine mesure, d'apparaître comme une caractéristique phénoménologique essentielle de la conscience ou de l'esprit, pour devenir une caractéristique conceptuelle ou grammaticale (au sens de Wittgenstein) de certaines de nos pratiques linguistiques, c'est-à-dire une caractéristique appartenant au sens et aux règles d'usages de certains mots ou expressions que nous employons, de certaines façons de parler (en particulier les verbes d'actions). Or on ne peut pas dire que la philosophie du langage anglo-saxonne reprend à son compte, dans le sillage de Wittgenstein, les problèmes de la phénoménologie pour en faire des problématiques liées au langage. Dans cette tradition, la notion d'intentionalité prend deux orientations différentes, bientôt concurrentes, quand à la question de savoir où localiser l'intentionalité : est-elle une *propriété* ou une *fonction naturelle* des phénomènes de conscience (et peut-être, par

---

1. E. Husserl, *Méditations cartésiennes*, trad. fr. G. Peiffer, E. Levinas, Paris, Vrin, 2000, § 14.

transitivité, des phénomènes cérébraux) ou plutôt une spécificité de nos *pratiques* (y compris langagières) et de nos manières de concevoir le mental ? C'est cette question que nous allons examiner.

D'un côté, c'est plutôt à partir de la problématique de l'action humaine et de sa spécificité par rapport aux autres événements, sans agent, du monde (une question aristotélicienne[1]), que la question de l'intentionalité a (re)surgi, en particulier à partir de l'ouvrage précurseur d'E. Anscombe, *L'Intention*. L'intentionalité est alors prise dans sa dimension pleinement téléologique et l'analyse se concentre sur la façon dont les verbes d'action[2] sont comme liés dans leur signification à la notion d'intention. Dès lors, la problématique n'est plus la même, ni par sa méthode, ni par son objet : la méthode est celle de l'analyse conceptuelle, qui vise à mettre au jour non pas les propriétés phénoménologiques des phénomènes, mais les conditions de possibilité du sens, telles qu'elles sont mises en place dans le langage et à travers ses usages ; l'objet n'est alors pas l'esprit ou la conscience, mais ce que nous pouvons dire, de manière sensée, à propos des intentions des gens et dans quelles circonstances nous pouvons le dire de manière sensée. Par son approche conceptuelle, cette tradition engage un combat contre la réification des objets intentionnels.

D'un autre côté, la même tradition analytique (représentée notamment par J.R. Searle) s'est emparée de la notion d'intentionalité (à travers des problématiques de philosophie du langage portant sur le « vouloir dire », « l'intention de

---

1. C'est l'objet de l'extrait du texte d'Aristote sur *Les mouvements des animaux* (désormais *MA*). Cf. *infra*, p. 105-109.

2. Et les verbes de sensation, cf. *infra*, p. 79 *sq*.

signifier » ou de faire telle chose avec tel énoncé) pour la comprendre comme une relation, d'abord du langage au monde, puis, de l'esprit au monde (dans une veine qui n'est pas sans rappeler certaines thématiques de la phénoménologie[1]). Cet ouvrage traite de cette confrontation entre deux branches de la philosophie analytique, parfois abusivement rapprochées.

Après une tentative pour circonscrire le champ assez mal défini du ou plutôt des problèmes de l'intentionalité, nous tâcherons de mettre en perspective deux manières d'envisager celle-ci. L'une d'entre-elles s'enracine dans un questionnement de type cartésien et s'interroge sur les façons d'expliquer l'existence du mental, de la conscience (de phénomènes mentaux et conscients, et donc de l'intentionalité), dans un monde matériel brut et en soi dépourvu de sens. L'autre peut être comprise dans un cadre aristotélicien, qui n'envisage pas le dualisme des substances, ni comme une menace, ni comme une solution potentielle. Dans le cadre de cette confrontation de deux paradigmes à travers lesquels l'intentionalité est ou peut être envisagée, nous essaierons de repenser la question de la possible naturalisation de l'intentionalité (qui vise à la comprendre comme une propriété naturelle, et donc isolable et reproductible).

LE(S) PROBLÈME(S) DE L'INTENTIONALITÉ

Y a-t-il *un* problème de l'intentionalité ? La variété des usages de la notion d'intentionalité suggèrent le contraire :

1. On trouve, par ailleurs, d'excellentes confrontations critiques des deux traditions, comme celle de J. Benoist, *Les limites de l'intentionalité*, Paris, Vrin, 2005. Voir également V. Descombes, *La denrée mentale*, Paris, Minuit, 1995 et *Les institutions du sens*, Paris, Minuit, 1996.

le concept n'aura pas la même valeur selon que nous nous penchons sur le domaine de l'action ou sur celui de la perception et, au sein de ces domaines, l'intentionalité prendra encore des aspects divers. Cependant, pour la clarté du propos, il n'est pas inutile d'essayer d'identifier de « grandes questions ».

Dans cette perspective, le problème de l'intentionalité prend deux formes : dans sa version « classique », il porte sur le *mode d'existence des objets intentionnels*; dans sa version contemporaine (en phénoménologie, à partir de Husserl, comme en philosophie analytique de l'action et de la perception), l'intentionalité ne désigne plus (seulement) un mode d'être de l'objet, mais (aussi) *une visée mentale*, et il s'agit alors de caractériser cette spécificité de l'esprit et de spécifier son origine. C'est sur ce point qu'intervient le débat en philosophie analytique entre ceux (héritiers de la tradition wittgensteinienne et de la philosophie du langage ordinaire) qui veulent dé-psychologiser ou extérioriser l'intentionalité et ceux qui cherchent à la naturaliser.

Si c'est bien dans la scolastique du Moyen Âge, et notamment dans ses lectures d'Aristote, qu'il faut chercher l'origine du problème de l'intentionalité, cette double dimension du problème de l'intentionalité est aussi bien rendue par Brentano dans ce fameux passage de *La psychologie d'un point de vue empirique* :

> Ce qui caractérise tout phénomène psychique, c'est ce que les scolastiques du Moyen Âge ont appelé l'in-existence intentionelle (ou encore mentale) et ce que nous pourrions appeler nous-mêmes (…) rapport à un contenu, direction vers

un objet (sans qu'il faille entendre par là une réalité) ou objectivité immanente [1].

Même si ici Brentano semble aplatir la double dimension du problème de l'intentionalité, comme s'il s'agissait du même problème, on perçoit néanmoins une double perspective : celle de la thèse ontologique qui porte sur l'existence immanente ou *in*-existence des objets intentionnels, qui les distingue ontologiquement des objets physiques et les caractérise comme objets mentaux ; et la thèse psychologique qui porte sur le problème de la visée ou de la saisie intentionnelle et donc sur le fonctionnement ou le mode d'être de l'esprit. Tentons de spécifier brièvement ces deux angles d'attaque du problème de l'intentionalité.

Le mode d'être des objets intentionnels

Le problème du mode d'être des objets intentionnels est souvent décliné par les philosophes contemporains sous trois formes : 1) le problème de l'existence des objets intentionnels (celui de leur existence interne à l'esprit, qui est le problème de Brentano) ; 2) le problème de l'opacité de la description, c'est-à-dire le fait qu'on peut viser intentionnellement un objet pris sous une description et pas sous une autre [2] ; et 3) le problème de l'indétermination des objets intentionnels [3].

---

1. F. Brentano, *Psychologie...*, *op. cit.*, p. 102.
2. Nous devons l'expression « sous une description » (« *under a description* ») à E. Anscombe. L'idée est qu'un même objet (au sens qui comprend les objets matériels, mais aussi de pensée, les événements, etc.) peut recevoir plusieurs descriptions mais qu'on ne le connait pas nécessairement sous toutes ses descriptions.
3. Ces problèmes sont déclinés dans le texte d'Anscombe commenté ci-dessous, p. 79-83.

V. Caston en propose, dans une veine analytique, une synthèse éclairante par le biais de la philosophie du langage [1].

En philosophie du langage, les énoncés intentionnels permettent de dire comment les choses se présentent à quelqu'un, de rapporter ses contenus de pensées (croyances, etc.) ou de paroles. Comme le rappelle V. Descombes, en latin, ce mode de discours s'appelle *oratio obliqua* et s'oppose à l'*oratio recta* : il crée en effet un « contexte oblique » (non « direct »), dans lequel ce ne sont pas des événements du monde qui sont rapportés, mais ces événements tels qu'ils sont perçus, pensés, etc. par quelqu'un [2]. Ainsi, selon Caston, le problème de l'existence se décline sous deux formes :

> 1) L'absence d'implication existentielle : « Alexius pense à Pégase », ou sa négation, n'implique ni « Pégase existe », ni « Pégase n'existe pas ».
>
> 2) L'absence de détermination de la valeur de vérité : « Isabelle croit que la terre est plate », ou sa négation, n'implique ni « La terre est plate » ni « La terre n'est pas plate » [3].

Par une manière détournée d'envisager le problème de Brentano, ce qui apparaît est l'absence de *prise directe* des énoncés intentionnels sur la réalité : il est possible de penser à quelque chose ou de croire quelque chose, sans qu'aucune contrepartie réelle de ce quelque chose ne tienne lieu de substrat réel à l'objet intentionnel. Le problème de l'existence

---

1. V. Caston, « Aristotle and the Problem of Intentionality », *Philosophy and Phenomenological Research*, 58/2, 1998, p. 249-298.

2. V. Descombes, *Les institutions ...*, *op. cit.*, p. 9-11.

3. V. Caston, « Aristotle and the Problem... », art. cit., p. 251. *Cf.* R. Chisholm, « Sentences About Believing », *Proceedings of the Aristotelian Society*, 56, p. 125-148.

peut être formulé ainsi : l'intentionalité, disons de la pensée, se caractérise par la relation d'un être pensant à ce qu'il pense. Or ce que pense cet être pensant, ou ce à quoi il pense, n'a pas (nécessairement) d'existence matérielle. Il s'agit donc de comprendre de quelle nature ou de quelle forme est cette existence, ou encore, il faut pouvoir envisager *ce qui* doit exister pour que « *X* pense à — » soit vrai. On peut ainsi être amené à se demander quel est le mode d'existence de ces objets qui n'existent qu'en pensée et semblent indifférents à l'état réel du monde[1].

Le second problème, celui de l'opacité référentielle liée à l'intensionalité[2] des énoncés intentionnels, est à proprement parler un problème de philosophie du langage, mis en évidence par G. Frege[3]. Caston le présente ainsi :

> 3) L'impossibilité de substituer entre-elles des expressions coextensives *salva veritate* : « Gotlob sait que Cicéron possède un cœur » n'implique ni « Gotlob sait que Tullius possède un cœur », ni « Gotlob sait que Ciceron possède un foie »[4].

Ici, c'est le *savoir* ou l'ignorance du sujet qui est en jeu : celui-ci peut ignorer que Cicéron et Tullius désignent la même personne ou que les créatures qui possèdent un cœur possèdent aussi un foie. C'est donc la description sous laquelle l'objet est

---

1. Cf. *infra*, p. 96 *sq.*
2. *Cf.* D. Fisette, P. Poirier, *Philosophie de l'esprit : état des lieux*, Paris, Vrin, 2000, p. 174-176. La notion d'intensionalité, avec un « s », désigne le contexte *sémantique* d'un énoncé et pas seulement sa portée extensionnelle (l'ensemble de ce qu'il désigne dans le réel).
3. *Cf.* G. Frege, « Sur le sens et la référence », trad. fr. J. Benoist, dans B. Ambroise, S. Laugier (éd.), *Philosophie du langage*, Paris, Vrin, p. 49-84 ; W.V.O. Quine, *Le mot et la chose*, trad. fr. P. Gochet, Paris, Flammarion, 1999, p. 207 *sq.*
4. V. Caston, « Aristotle and the Problem... », art. cit., p. 252.

envisagé par le sujet de la phrase qui conditionne la vérité de celle-ci. Ainsi, Gottlob peut bien savoir que Cicéron possède un cœur; s'il ignore que Cicéron et Tullius sont la même personne, il ne peut pas en conclure que Tullius possède un cœur. Ce qu'implique la notion de *point de vue* sous-tendue par celle d'intentionalité: c'est la perspective du sujet qui semble déterminer (au moins en partie) ce qu'on peut dire et ne pas dire à propos de ce qu'il sait, pense, croit, etc.

Enfin, le problème de l'indétermination, du caractère abstrait et pauvre de la pensée intentionnelle se décline, lui aussi, de deux façons:

4) L'absence du tiers exclu: «Elizabeth pense à un homme» n'implique pas «soit Elizabeth pense à un homme d'au moins un mètre quatre-vingt, soit Elizabeth pense à un homme de moins d'un mètre quatre-vingt».

5) L'absence d'exportation du quantificateur: «Jean m'a promis un cheval» n'implique pas «Il y a un cheval que Jean m'a promis»[1].

Ici, le problème tient au fait que ce qui est visé n'est pas aussi *déterminé* que ce qui est éventuellement atteint pas la visée. Dès lors, comment cette dernière peut-elle déterminer à l'avance ce qui pourra la combler? La visée intentionnelle possède une généralité, qui est de l'ordre du concept et qui ne peut être spécifiée qu'en contexte, au contact de la réalité[2]. Comme le dit J. Benoist, «il est exceptionnel qu'une chose soit donnée telle qu'on la visait»[3]. Or cette indétermination

1. *Ibid.*, p. 252. *Cf.* E. Anscombe, «The Intentionality of Sensation», *Metaphysics and the Philosophy of Mind*, Oxford, Basil Blackwell, 1981, p. 6.

2. *Cf.* J. Benoist, *Les limites...*, *op. cit.*, p. 259 *sq.*

3. *Ibid.*, p. 258.

pose problème à l'image traditionnelle du contenu ou du remplissement : car si la visée ne peut à elle seule déterminer pleinement et *a priori* son contenu, rien ne pourra jamais coïncider pleinement avec elle, c'est-à-dire rien qui ne soit *absolument déterminé* à l'avance comme ce qui doit tenir lieu d'objet de la visée. Tout se passe comme si l'intentionalité ne pouvait être (comme chez Husserl) pure et totale « anticipation du sens » (de la visée et de la signification) [1].

La question du rapport à l'objet

Le problème de l'indétermination nous montre aussi le rapport étroit qui existe entre la question du statut des objets intentionnels (en tant qu'ils sont visés) et le rapport de visée que la conscience entretient avec ce qu'elle vise. L'analyse de l'intentionalité en termes de relation à l'objet intentionnel ne va pas de soi, même si elle a largement influencé la philosophie contemporaine. En effet, dans la philosophie antique et médiévale, il ne s'agit généralement pas tant de comprendre, grâce à l'intentionalité, le type de relation que l'esprit entretient avec des objets intentionnels, que de caractériser la façon dont on peut se rapporter à quelque chose qui n'est pas matériel ou qui n'existe pas, comme une chimère, une fiction, etc. Par exemple, dans les cas de « saisie intentionnelle », il n'y a pas, chez Aristote ou chez Thomas, de dualisme entre la pensée et son objet, ou sa forme ; ce n'est que quand la pensée se porte sur ce qui lui est extérieur (comme les objets de perception) que la notion de relation intervient. Or, dans sa formulation canonique contemporaine, « le problème de l'intentionnalité consiste à expliquer comment un état mental attribuable à un

---

1. J. Benoist, *Les limites...*, *op. cit.*, p. 273.

individu peut viser un objet ou un état de choses en dehors de cet individu »[1].

Ici intervient le rôle de la phénoménologie et des discussions de Brentano par Husserl dans le renouvellement du questionnement. Quelques remarques suffiront à servir d'amorce pour comprendre les questionnements de la philosophie analytique contemporaine, qui portent principalement sur cette question de l'articulation entre l'esprit et le monde[2].

La solution brentanienne qui repose sur l'in-existence des objets intentionnels soulève les problèmes soulevés par toute thèse philosophique postulant des entités d'une nature problématique (car elles sont indéterminées, insaisissables, essentiellement subjectives, donc inobjectivables, etc.). Pour échapper à ces problèmes, Husserl ne conservera de l'intentionnalité brentanienne que ses dimensions de directionnalité et d'irréductibilité. Comme le dit H. Putnam, c'est lui « qui a vu dans l'intentionnalité du mental un moyen de comprendre comment l'esprit et le monde sont reliés et comment il se fait que dans les actes de conscience nous en arrivions à être dirigés *vers* un objet »[3]. En effet, pour le dire rapidement, Husserl comprend l'intentionalité (les rapports de la conscience au monde) sur le mode d'une médiation : l'acte psychique subjectif, par lequel je saisis ce qui se passe dans le monde, peut faire varier mon rapport aux objets du monde, comme le montre le fameux exemple de la perception du canard-lapin de J. Jastrow. Les objets du monde que nous

---

1. J. Dokic, « Philosophie de l'esprit », dans P. Engel, *Précis de philosophie analytique*, Paris, P.U.F., 2000, p. 47.

2. *Cf.* D. Fisette, P. Poirier, *Philosophie de l'esprit..., op. cit.*, p. 167-208.

3. H. Putnam, *Représentation et réalité*, trad. fr. C. Tiercelin, Paris, Gallimard, 1990.

visons par l'esprit sont bien des objets réels, c'est leur mode de présentation (la signification que nous leur donnons) qui varie lorsque nous les percevons. En distinguant l'acte psychique du sujet du contenu intentionnel, Husserl transforme le problème de l'in-existence des objets intentionnel en un problème de *présentation* des objets réels à un sujet pensant. Dès lors, si la notion d'intentionalité caractérise bien une spécificité du mental, c'est en tant que manière subjective de se rapporter au monde et plus tellement comme le lieu d'une réalité distincte. Cette différence est bien formulée par D. Fisette et P. Poirier :

> Chez Brentano, l'intentionnalité est une relation ordinaire à un objet spécial, alors que chez Husserl, l'intentionnalité est une relation spéciale à un objet ordinaire [1].

C'est à la compréhension et à la théorisation de cette « relation spéciale » que va s'atteler la philosophie contemporaine. Husserl et d'autres à sa suite (y compris Searle [2]) sont tentés d'y voir une relation de signification : ce qui change notre perception du monde, c'est finalement le *sens* que nous lui donnons ; nous voyons plutôt un « lapin » ou plutôt un « canard ». Cette vision de l'intentionalité en termes de signification a une portée et un intérêt indéniables [3]. Nous verrons que c'est peut-être même la clé pour comprendre l'intentionalité. Mais à vouloir uniformiser cette relation intentionnelle au monde, on court un risque non négligeable : celui d'uniformiser le mental et de le penser selon une seule modalité,

---

1. D. Fisette, P. Poirier, *Philosophie de l'esprit...*, *op. cit.*, p. 173.
2. Ou J. McDowell, même si pour ce dernier le sens ne ressortit pas à une conscience individuelle mais à l'extériorité des pratiques langagières.
3. *Cf.* J.-Fr. Courtine, « Histoire et destin phénoménologique de l'*intentio* », dans D. Janicaud, *L'intentionnalité en question*, Paris, Vrin, 1995, p. 13-36.

comme le fait Descartes, qui inclut dans la pensée aussi bien les pensées (l'intentionalité de la pensée) que les sensations (l'intentionalité de la sensation).

Dans une perspective contemporaine, une fois accomplie, l'uniformisation de la relation intentionnelle devra permettre d'objectiver les vécus, de comprendre comment un esprit-cerveau peut se rapporter à ce qui lui est extérieur. L'intentionalité est alors comprise comme une propriété générique des actes ou des états mentaux dans leur diversité, celle d'être « dirigés vers » ou de « porter sur » quelque chose. Nous devons au contraire refuser l'idée d'une structure sous-jacente à toutes les questions sur l'intentionalité et résister à l'uniformisation cartésienne du rapport à l'objet [1].

NATURALISER L'INTENTIONALITÉ ?

Lorsqu'on fait de l'intentionalité une spécificité de la pensée, c'est souvent pour indiquer une caractéristique qui distingue la pensée des phénomènes naturels que la science étudie. Elle est un phénomène distinct, en premier lieu, parce qu'elle est le propre d'une conscience particulière et n'est à première vue pas saisissable (du fait de son caractère subjectif et singulier) par les méthodes et les outils des sciences objectives qui nous permettent d'habitude de décrire par des lois les phénomènes du monde naturel. Cependant, admettre l'incommensurabilité des phénomènes de l'esprit avec les autres phénomènes de la nature, c'est, semble-t-il, en faire des objets d'une nature métaphysique étrange, qui échappent aux lois de la nature et aux explications scientifiques. Mais l'idée qu'il

1. *Cf.* E. Anscombe, « Events in the Mind », dans *Metaphysics...*, *op. cit.*, p. 57-63.

puisse exister une substance pensante immatérielle apparaît rationnellement inacceptable. D'aucuns considèrent ainsi que cette alternative est inévitable : soit nous parvenons à saisir les phénomènes de l'esprit par les méthodes explicatives des sciences naturelles, soit nous sommes condamnés à la mauvaise métaphysique cartésienne. Une seule échappatoire : naturaliser.

Naturaliser, c'est expliquer et décrire par les sciences de la nature, montrer en quoi un phénomène appartient ou n'échappe pas au domaine des phénomènes naturels (comme la gravitation, l'hérédité, etc.)[1]. La naturalisation de l'intentionalité doit venir résoudre le « problème de Brentano » (qui consiste à déterminer la nature de l'intentionalité et de ses objets) en ayant en vue le cas spécifique où l'objet qui se présente à l'esprit n'est pas un objet *réel*. En fait, la naturalisation de l'intentionalité s'inscrit dans une démarche plus générale de naturalisation de l'esprit. Or naturaliser l'esprit, c'est en faire un phénomène naturel, beaucoup moins encombrant métaphysiquement qu'un phénomène mental irréductible d'une nature indéterminée, voire mystérieuse.

Pour naturaliser l'intentionalité, il faut donc la comprendre comme une capacité *naturelle* de nos esprits à se rapporter à ce qui leur est extérieur. Il faut se placer du côté des esprits et essayer de comprendre leur fonctionnement ou d'en faire un modèle : comment le cerveau produit-il une pensée à propos d'une extériorité ? Comment la pensée peut-elle exister dans un monde de matière ? Deux approches semblent se présenter : celle qui consiste à étudier l'esprit-cerveau pour comprendre comment il « produit » de l'intentionalité et celle qui consiste

---

1. Sur la perspective naturaliste contemporaine et sur les difficultés qu'elle rencontre, voir E. Pacherie, *Naturaliser l'intentionnalité*, Paris, P.U.F., 1993.

à modéliser la pensée et l'intentionalité, à construire des modèles de ce que D.C. Dennett appelle des « systèmes intentionnels ». Une telle alternative nous semble en réalité émerger d'un mode de questionnement et d'un type de solution issu du cartésianisme : il faut naturaliser l'intentionalité pour ne pas avoir à payer le prix métaphysique du dualisme cartésien des substances.

Le cadre de réflexion du paradigme cartésien

Raisonner dans le cadre du paradigme cartésien, c'est raisonner dans les termes d'une seule alternative possible entre un monisme (multiforme) et un dualisme (des substances). En effet, l'un des problèmes centraux de la métaphysique cartésienne est le problème dit « de l'interaction corps-esprit » [1]. Si le corps et l'esprit sont deux substances absolument hétérogènes, l'une étendue, l'autre pensante, comment rendre compte de la possibilité de leur interaction ? Comment la pensée peut-elle mettre le corps en mouvement et le corps influencer la pensée ? Il y a là l'apparence d'un fossé explicatif.

Le naturalisme en question cherche précisément à résoudre, ou plutôt à rompre avec ce problème en tâchant de comprendre comment la pensée peut émerger de la matière. Car s'il arrive à montrer que la pensée n'est finalement qu'une sorte de propriété de la matière qui la produit, alors le problème de l'interaction du corps et de l'esprit et, avec lui, le problème du fossé explicatif (qui se pose de manière aiguë dans le cadre de la philosophie de l'action [2]) seront dissous

---

1. J. Kim, *Philosophie de l'esprit*, trad. fr. M. Mulcey (dir.), Paris, Ithaque 2008, p. 46 *sq.*

2. Voir, par exemple, D. Davidson, *Actions et événements*, trad. fr. P. Engel, Paris, P.U.F., 1993 et, pour une critique de cette idée,

dans la science. Il ne restera plus qu'à décrire des fonction-
nements au niveau de la matière, comment le cerveau-esprit
produit le mouvement.

Voilà une présentation schématique d'une alternative qui
se ramifie de manières raffinées et complexes dans la philosophie de l'esprit et de l'action contemporaine. Dans un
manuel classique de philosophie de l'esprit, comme celui de
J. Kim[1], les tentatives de naturalisation apparaissent comme la
quête d'une troisième voie entre cartésianisme et béhaviorisme, présentés comme l'envers et l'endroit d'une même
thèse : soit l'esprit n'est accessible qu'en première personne, il
est purement intérieur, soit on ne peut le connaître qu'en troisième personne, il se limite à des comportements extérieurs[2].
Evidemment, aucune des branches de l'alternative n'est satisfaisante, c'est pourquoi le naturalisme essaie d'articuler l'intérieur et l'extérieur, tout en tâchant d'en rendre compte de
manière purement objective.

Le paradigme cartésien se caractérise donc par un
questionnement sur les rapports corps-esprit dans le cadre
d'une alternative selon laquelle une chose est soit mentale, soit
matérielle, mais ne peut être les deux à la fois (c'est le principe
du dualisme). Dans ce cadre de réflexion, le naturaliste pré-
fèrera caractériser le mental comme une propriété émergente
ou fonctionnelle[3] des phénomènes cérébraux ou comme

G.E.M. Anscombe, « The Causation of Action », dans M. Geach, L. Gormally
(éd.), *Human Life, Action and Ethics*, Charlottesville, St Andrews Studies
in Philosophy and Public Affairs, 2005, p. 89-108.

1. J. Kim, *Philosophie de l'esprit*, *op. cit.*, p. 33-90.

2. J. Dokic, « Philosophie de l'esprit », art. cit., p. 35-62. La thèse behavio-
riste est diversement attribuée à B. F. Skinner, J. B. Watson, ou G. Ryle.

3. *Cf.* J. Kim, *L'esprit dans un monde physique*, trad. fr. F. Athané,
E. Guinet, Paris, Syllepse, 2006.

une simple « façon de parler »[1] qui, en réalité, se réfère à des processus objectifs et objectivables (observables ou reproductibles dans la matière).

Conscience et intentionalité

Chez les philosophes de l'esprit contemporain, on peut généralement distinguer ceux pour qui c'est l'intentionalité qui caractérise l'esprit, de ceux pour qui c'est plutôt la conscience qui le caractérise[2]. Cette distinction reflète deux cadres de questionnement pour aborder le problème de l'intentionalité : l'un de filiation brentanienne, l'autre de filiation cartésienne[3]. Dans un cadre brentanien, la question première porte sur la nature des contenus mentaux et sur la caractérisation de cette propriété des états mentaux de représenter des objets et états de choses ; dans un cadre cartésien, le point de départ d'une recherche sur le mental est un vécu subjectif de la conscience[4].

---

1. On retiendra, par exemple, la thèse du monisme anomal de D. Davidson (*cf.* « Thinking Causes », *Truth, Language and History*, Oxford, Clarendon Press, 2005, p. 185-200), qui consiste à remplacer le dualisme ontologique par un dualisme conceptuel allié à un monisme ontologique : décrire un événement en termes intentionnels ne serait qu'une *façon de parler* d'un événement réel unique qui se produit dans le monde physique et qui peut également être décrit en termes physicalistes (par des lois de la nature) ; cela n'ajoute rien à « l'ameublement du monde ».

2. J. Dokic, « Philosophie de l'esprit », art. cit. ; D. Fisette, P. Poirier, *Philosophie de l'esprit..., op. cit.*, chap. 7 ; D.C. Dennett, « D.C. Dennett », dans S. Guttenplan, *A Companion to the Philosophy of Mind*, Oxford, Blackwell, 1994, p. 236-244.

3. Fisette et Poirier parlent du « débat "Descartes-Brentano" », *Philosophie de l'esprit..., op. cit.*, p. 190.

4. *Cf.* Th. Nagel, *Questions mortelles*, trad. fr. P. Engel, C. Engel-Tiercelin, Paris, P.U.F., 1983.

Cette opposition se reflète dans le débat entre Dennett et Searle sur la nature du mental. Dennett a une conception « ascendante » de l'étude des phénomènes psychiques : il faut étudier les phénomènes d'intentionalité pour comprendre la conscience. Searle a une conception « descendante » de l'étude des phénomènes psychiques : il faut étudier la conscience pour rendre compte de l'intentionalité. Malgré tout, on peut montrer que ces deux approches de la philosophie de l'esprit opèrent dans le cadre ce que nous avons appelé le paradigme cartésien.

Pour Searle, puisque je *suis* mon esprit, il faut recourir aux vécus individuels pour étudier les phénomènes mentaux ; phénomènes mentaux qui, par ailleurs, sont de nature biologique, quoiqu'irréductibles à cette dernière. Mais le naturalisme biologique de Searle n'est, pour Dennett[1], qu'une sorte de cartésianisme refoulé, un « matérialisme cartésien » ou un dualisme qui ne s'assume pas. Il est vrai que, pour justifier son naturalisme biologique, Searle se contente de soutenir que l'idée selon laquelle « les états conscients existent dans le cerveau » relève « du sens commun plus ou moins instruit »[2]. Mais il n'est, par ailleurs, pas certain que la solution apportée par Dennett au problème de l'intentionalité de l'esprit échappe d'avantage au paradigme cartésien que celle de Searle.

---

1. D.C. Dennett, *La conscience expliquée*, trad. fr. P. Engel, Paris, Odile Jacob, 1994 ; *La stratégie de l'interprète*, trad. fr. P. Engel, Paris, Gallimard, 1990.

2. J.R. Searle, « Putting Consciousness Back in the Brain », *in* M. Bennett, D.C. Dennett, P. Hacker, J.R. Searle, *Neuroscience and Philosophy*, New York, Columbia UP, 2007, p. 99.

En effet, Dennett reconnaît avec, entre autres, G. Ryle et A. Kenny les apories du « sophisme de l'homoncule », du « fantôme dans la machine »[1], ou de ce qu'il appelle « le théâtre cartésien » : ce sophisme consiste à attribuer à l'esprit (à « Je ») l'ensemble des *cogitationes* d'un individu humain (ses pensées, mais aussi ses sensations, etc.), comme s'il y avait, à l'intérieur de chacun de nous, un humain en miniature qui percevait et jouait les marionnettistes. Le théâtre cartésien déporte ainsi, dans une régression à l'infini, le problème de la conscience de l'individu humain vers le problème de la conscience de cet homoncule à l'intérieur de l'individu : dire que c'est le « Je » substantiel qui pense et ressent, plutôt que de dire que c'est l'homme dans son entier, ne fait que reculer à l'infini, sans le résoudre, le problème de savoir ce qu'est la conscience et surtout *où* la chercher. La solution de Dennett pour « matérialiser » la conscience est de dire qu'elle est le résultat, non pas de l'activité d'une entité interne (d'un homoncule), mais de la collaboration d'un nombre incalculable d'« agents » dans notre corps et notre cerveau, qui, par la mutualisation d'innombrables micro-tâches extrêmement simples parviennent à faire émerger des tâches de plus en plus complexes et même la pensée :

> Lorsque nous réalisons un système complexe (ou que nous décortiquons un système biologique, comme une personne ou son cerveau), nous progressons en démantelant cette merveilleuse personne dans son entier en sub-personnes, qui sont

1. A. Kenny, « The Homunculus Fallacy » (1981), *The Legacy of Wittgenstein*, Oxford, Blackwell, 1984, p. 135-6; G. Ryle, *La notion d'esprit*, trad. fr. S. Stern-Gillet, Paris, Payot, 2005, p. 89. Voir aussi J. Bouveresse, *Langage, perception et réalité*, vol. 1 : *La Perception et le jugement*, Paris, Jacqueline Chambon, 1995, p. 315.

> des systèmes de type agent et qui réalisent une *partie* des
> accomplissements d'une personne; puis ces homoncules
> peuvent être à nouveau démantelés en agents encore plus
> simples et ressemblant encore moins à des personnes, et ainsi
> de suite – une régression *finie*, et non à l'infini, qui s'achève
> lorsque nous parvenons à des agents si rudimentaires qu'ils
> peuvent être remplacés par des machines [1].

Contrairement à Searle, ce partage des tâches éviterait à Dennett d'avoir à admettre une métamorphose magique de la matière biologique en « matière » psychologique, en conscience ou en intentionalité. L'hypothèse de Dennett du partage des tâches invite ainsi à étudier le mental à partir de ses manifestations et de ses contenus intentionnels (et non à partir de vécus de conscience) : c'est seulement en décortiquant ces contenus qu'on pourra distinguer les diverses tâches impliquées dans la production de la pensée; d'où son intérêt pour les modèles de l'intelligence artificielle, qui essaient précisément de fabriquer de l'intentionalité par l'accumulation de micro-tâches. Mais cette position n'échappera pas si facilement aux critiques de Searle.

L'intentionalité searlienne

Outre leur importance indiscutable pour la question de l'intentionalité dans la philosophie analytique, les thèses de Searle ont également un intérêt particulier, puisqu'elles constituent une tentative de naturaliser l'intentionalité en conservant une attitude non-réductionniste vis-à-vis des phénomènes mentaux : le cerveau produirait de l'intentio-

---

1. D.C. Dennett, « Philosophy as Naïve Anthropology », in *Neuro-science...*, *op. cit.*, p. 88.

nalité, mais l'intentionalité serait indissociable d'un *vécu* de conscience. C'est ce que Searle démontre dans la fameuse expérience de pensée de la chambre chinoise.

La chambre chinoise
ou la preuve de l'irréductibilité de l'intentionalité

Pour rendre compte du caractère phénoménal et irréductible de l'intentionalité, Searle oppose cette expérience de pensée aux fonctionnalistes et défenseurs de l'intelligence artificielle, qui revendiquent la possibilité de définir les phénomènes mentaux comme le simple résultat de processus mécaniques (ou physiologiques) spécifiques, propres à les produire. Selon eux, nous pourrions définir les phénomènes mentaux en termes de fonctions d'un organe ; dès lors, de même qu'il est possible de reproduire artificiellement les fonctions d'un cœur, il est envisageable de reproduire artificiellement les fonctions de l'organe de la pensée (par exemple, grâce au modèle de l'ordinateur). Or, Searle entend démontrer que la reproduction artificielle d'un comportement qu'on pourrait décrire comme intentionnel, ne suffit pas à produire de l'intentionalité, car l'intentionalité dépend d'une expérience consciente subjective.

Dans cette expérience, Searle, qui ne parle pas un mot de chinois, imagine qu'il est enfermé dans une pièce (la chambre chinoise) et en possession d'un nombre important de symboles chinois : ces symboles constituent la base de données de la chambre chinoise. On lui donne également un livre d'instructions en anglais (sa langue maternelle) expliquant comment associer certains symboles chinois à d'autres symboles chinois : c'est le *programme* de la chambre chinoise. On lui fournit aussi, de l'extérieur, un certain nombre de symboles chinois qui (ce qu'il ignore) sont appelés des « questions ».

En échange de ces symboles et suivant les instructions du programme en anglais, Searle donne d'autres ensembles de symboles chinois, qui (ce qu'il ignore) sont appelés « réponses aux questions ». L'hypothèse est alors que les programmes deviennent si sophistiqués et Searle devient si habile dans la manipulation des symboles, qu'à la fin les réponses qu'il donne aux questions depuis la chambre chinoise ne peuvent être distinguées de celles que donnerait un locuteur chinois de langue maternelle, bien que Searle ne *comprenne* toujours pas un mot de chinois [1].

Cette expérience de pensée montre qu'il ne suffit pas d'être capable de reproduire exactement les comportements linguistiques d'un locuteurs chinois pour parler chinois, car parler le chinois, ou n'importe quelle autre langue, ce n'est pas juste dire les bonnes choses au bon moment, c'est aussi *signifier* ou vouloir dire ce qu'on dit : un usage du langage maîtrisé se double ainsi d'une intentionalité et la reproduction artificielle, même parfaite, d'un comportement linguistique ne suffit pas à produire de l'intentionalité, c'est-à-dire une *conscience* de dire ce qu'on dit et du sens de ce qu'on dit en le disant.

Dans *L'Intentionalité*, Searle offre un traitement parallèle du rôle de l'intentionalité dans l'action : ce qui fait la différence entre un geste produit de façon purement mécanique (par exemple, par une stimulation nerveuse ou réflexe) et une action, c'est une *expérience* consciente et subjective de faire ce qu'on fait. Le lave-vaisselle n'effectue pas une action – ou seulement en un sens métaphorique – parce qu'il n'a pas

---

1. J.R. Searle, « Mind, Brains, and Programs », *Behavioral and Brain Sciences*, 3/3, 1980, p. 417-157.

conscience de laver la vaisselle, il n'a pas d'expérience de l'action de laver la vaisselle, et d'ailleurs il ne s'en plaint jamais. Charles, en revanche, lorsqu'il fait la vaisselle, en plus des mouvements mécaniques qu'il effectue, a une expérience de l'action de faire la vaisselle, c'est d'ailleurs la raison pour laquelle il s'en plaint souvent. Ou encore, le mouvement réflexe qui vous fait lever la jambe lorsque le médecin vous tape le genou ne renvoie à aucune expérience de l'action, vous n'avez pas le sentiment d'être l'*agent* de ce mouvement ; mais vous l'avez lorsque vous tirez dans le ballon pour marquer un but. La conscience (de signifier, d'agir, etc.) joue un rôle fondamental dans la caractérisation par Searle des actes intentionnels. Il nous faut maintenant spécifier l'intentionalité de cette conscience.

Langage, esprit et monde : les directions d'ajustement

Il est possible de distinguer, au sein de la tradition analytique, au moins deux débats relatifs à l'intentionalité : celui qui porte sur l'intentionalité de l'esprit et celui qui porte sur l'intentionalité de l'action. Ceux-ci font écho à la distinction entre l'intentionalité cognitive et l'intentionalité pratique, et les enjeux respectifs de ces débats ne sont pas si éloignés. Après ce qu'on a appelé le « tournant cognitif » en philosophie, le modèle de l'intentionalité cognitive est devenu la perception, celui de l'intentionalité pratique, l'intention (*Absicht*) dans l'action. Mais avant cela, la question de l'intentionalité a été, et demeure par ailleurs[1], une question de philosophie du

---

1. Voir J. Benoist, *Les limites...* ; *Concepts*, Paris, Le Cerf, 2010 ; B. Ambroise, *Qu'est-ce qu'un acte de parole ?*, Paris, Vrin, 2008 ; D. Vernant, *Du discours à l'action*, Paris, P.U.F., 1997 ; *Introduction à la philosophie contemporaine du langage*, Paris, Armand Colin, 2010.

langage. Si une synthèse des débats s'avère ici impossible, nous pouvons envisager le caractère (peut-être artificiellement) transversal de la notion d'intentionalité.

En philosophie du langage, le problème de l'intentionalité se pose en termes d'intention du locuteur ou de « vouloir dire » : il s'agit de déterminer le rôle de l'intention de signifier du locuteur dans la détermination du sens (et de la compréhension) de son énoncé. Un intentionaliste radical dirait que comprendre un énoncé c'est avant tout saisir l'intention du locuteur qui l'énonce, c'est-à-dire ce que ce dernier veut dire. Nous ne nous attaquerons pas à cette question ici – d'autres s'y sont déjà attelés[1] ; nous remettrons plutôt en cause un certain modèle de l'intentionalité sous-jacent à cette formulation du problème et qui semble traverser, dans une certaine mesure, l'intentionalité cognitive et l'intentionalité pratique.

Là encore, Searle suggère explicitement le rapprochement[2] en modélisant la relation d'intentionalité, d'abord comme une relation entre le langage (ou le contenu d'un énoncé) et le monde[3], puis comme une relation entre l'esprit et le monde. D'après Searle, toute théorie sémantique est étroitement liée à une théorie de l'intentionalité, car il s'agit de comprendre comment les mots acquièrent, par la médiation de l'esprit-cerveau, cette capacité de dire des choses du monde et de faire des choses dans le monde. Ainsi, « toute explication

---

1. Pour une critique de cette idée, voir en particulier B. Ambroise, *Qu'est-ce qu'un acte de parole ?* ; J. Benoist, *Les limites ...*

2. Il est fait, dans une certaine mesure et dans une perspective très différente, par Anscombe entre intentionalité pratique et intentionalité perceptive. Cf. *infra*, p. 92-96.

3. J.R. Searle, « Taxinomie des actes illocutoires », *Sens et expression*, trad. fr. J. Proust, Paris, Minuit, 1982, p. 39-70.

complète de la parole et du langage exige qu'on rende compte de la manière dont l'esprit-cerveau met l'organisme en rapport avec la réalité »[1]. S'appuyant sur la théorie des actes de parole de J.L. Austin[2], Searle propose de comprendre comment le langage nous permet de *faire* des choses (notamment, promettre, baptiser, etc.) et pas seulement de décrire en les reflétant des états de choses[3]. Il distingue à ce titre deux façons d'envisager les rapports qu'un énoncé peut entretenir avec le monde :

> Il appartient au but illocutoire de certaines illocutions de rendre les mots (plus exactement leur contenu propositionnel) conformes au monde, tandis que d'autres ont pour but illocutoire de rendre le monde conforme aux mots[4].

Soit l'énoncé vise à *dire vrai* au sujet du monde, auquel cas ce qu'il dit doit être conforme à l'état du monde : c'est le cas (toutes choses égales par ailleurs) lorsque je dis que Michka est sur le lit et que vous pouvez constater, à sa présence sur le lit, que je dis vrai ; cela ne l'est pas s'il s'avère que Michka n'est pas sur le lit, mais dehors au soleil, mâchonnant l'herbe

---

1. J.R. Searle, *L'Intentionalité*, trad. fr. C. Pichevin, Paris, Minuit, 1985, p. 9.

2. J.L. Austin, *Quand dire c'est faire*, trad. fr. G. Lane, Paris, Seuil, 1991.

3. Comme le suggère par exemple la conception isomorphique entre le langage et le monde du *Tractatus* de Wittgenstein, trad. fr. G.-G. Granger, Paris, Gallimard, 1993.

4. J.R. Searle, « Taxinomie … », art. cit., p. 41. Searle illustre son propos par un exemple extrait de *L'Intention* (§ 32) d'Anscombe où deux listes sont comparées : l'une est une liste de course qui reflète les intentions d'un agent, devant être satisfaites par le remplissage du panier de course conformément à la liste ; l'autre liste est celle d'un détective qui note tout ce que fait l'agent. Si le premier commet une erreur c'est par non conformité de son *action* à la liste de course, si le second fait une erreur c'est une erreur de non conformité de sa liste (son *intention*) à un état du monde.

du jardin. Soit l'énoncé vise à *rendre vrai* un état du monde, auquel cas le monde devra, si mon acte de parole est réussi, se conformer à ce que je dis : c'est le cas si je demande à ma sœur de me passer le sel et qu'elle s'exécute ; cela ne l'est pas si elle m'ignore délibérément.

Ultérieurement, cette analyse des rapports entre le contenu d'un énoncé et le monde en termes de coïncidence sera reformulée sous la forme du rapport entre un *contenu mental* et le monde, posant ainsi, si ce n'est une équivalence, du moins une analogie fondamentale entre les rapports entretenus par le contenu sémantique d'un énoncé avec le monde et les rapports que l'esprit entretient avec le monde. L'analogie entre les rapports du langage au monde et ceux de l'esprit au monde s'appuie sur les cas paradigmatiques de la perception et de l'action :

> Du point de vue de l'Intentionalité, les différences entre l'expérience visuelle et l'expérience de l'action portent sur la direction d'ajustement et la direction de causalité : l'expérience visuelle est à l'égard de la table dans une direction d'ajustement qui va de l'esprit au monde. S'il n'y a pas de table, on dit que je me suis trompé, ou que j'ai eu une hallucination, ou autre chose de semblable. Et la direction de causalité va de l'objet à l'expérience visuelle. Si la composante Intentionnelle est satisfaite, elle doit être causée par la présence et par les caractéristiques de l'objet. Mais dans le cas de l'expérience de l'action, la composante Intentionnelle a une direction d'ajustement qui va du monde à l'esprit. Si j'ai cette expérience mais si l'événement ne se produit pas, on dit, par exemple, que j'ai *échoué* à lever le bras, ou que j'ai *essayé* de lever le bras mais n'ai pas réussi à le faire. Et la direction de causalité va de l'expérience de l'action à l'événement. Quand le contenu Intentionnel est satisfait,

c'est-à-dire quand je réussi effectivement à lever le bras, l'expérience de l'action est cause du fait que le bras se lève [1].

D'après Searle, « l'intentionalité est la propriété en vertu de laquelle toutes sortes d'états et d'événements mentaux renvoient à ou concernent ou portent sur des objets et des états de choses du monde » [2]. Ici, les états mentaux en question sont l'expérience visuelle et l'expérience de l'action. L'intentionalité de la vision et celle de l'action sont comprises comme une relation *externe* entre l'esprit et le monde. Cette relation est double : elle est une relation de coïncidence (la direction d'ajustement) et une relation causale entre un état mental et un état du monde. Si ma perception visuelle de la table est juste, l'état mental correspondant à mon expérience de celle-ci coïncide avec l'état du monde observé, et il est causé par cet état du monde : l'objet intentionnel est calqué sur l'objet réel qui est la cause de l'expérience perceptive.

Il y a également une intentionalité propre à l'« expérience de l'action », cet « événement mental conscient » [3] qui distingue le simple mouvement (le fait, par exemple, que mon bras se lève) de l'action elle-même (le fait que je lève mon bras). Ce « composant expérientiel de l'action intentionnelle » [4] est intentionnel car il est orienté vers un état de choses (le fait que mon bras est levé) réalisé par l'action. L'état mental correspondant à l'expérience de l'action doit être la cause (l'origine, le déclencheur) du mouvement de l'agent dans l'action ; et il y a un certain état de choses (celui que vise l'expérience de l'action : par exemple, celui que mon bras est

---

1. J.R. Searle, *L'Intentionalité*, *op. cit.*, p. 112.
2. *Ibid.*, p. 15.
3. J.R. Searle, « Intentionality », art. cit., p. 384.
4. *Ibid.*

levé) que cet état mental vise à réaliser. Cet état de choses constitue la « condition de satisfaction » de cette expérience ; il est ce qui devra être réalisé pour que le contenu intentionnel de l'expérience de l'action soit satisfait[1]. Ce qui signifie qu'une action est intentionnelle si elle est effectuée *en tant que* réalisation d'une intention *I* et si elle réalise *effectivement* cette intention *I*. Le résultat, en cas de réussite, est une coïncidence entre un état de choses et un état mental. Mais cette coïncidence est plus complexe dans le cas de l'action que dans celui de la perception, car « le composant expérientiel de l'action intentionnelle est *causalement sui-référentiel* »[2] : le mouvement et le résultat de l'action ne doivent pas seulement *correspondre* de manière contingente au contenu intentionnel de l'expérience de l'action (à l'état de choses visé), mais l'expérience de l'action doit aussi être *responsable causalement* de cette action (il faudra, par exemple, que ce soit *moi* qui lève mon bras parce que j'en ai l'intention et que cela n'arrive pas par l'intervention opportune de quelqu'un ou de quelque chose).

L'intentionalité apparaît alors comme un rapport à l'extériorité et il faudrait donc toujours la penser comme la *relation* entre une chose (l'esprit, l'intentionalité) et une autre (le réel). Cette dualité de l'esprit et du monde est aujourd'hui le problème central des nombreuses tentatives de naturalisation de l'intentionalité. Or, nous l'avons vu, les alternatives sont restreintes si l'on ne sort pas du paradigme cartésien : soit il faut recourir, comme Searle, à un naturalisme biologique, qui se contente d'affirmer trivialement que la pensée, la conscience et l'intentionalité sont produites par des cerveaux ;

---

1. J.R. Searle, *L'Intentionalité*, *op. cit.*, p. 103.
2. J.R. Searle, « Intentionality », art. cit., p. 384 – je souligne.

ou alors, comme Dennett, à un naturalisme fonctionnaliste (l'un n'étant pas toujours exclusif de l'autre) qui essaie de comprendre comment produire artificiellement de l'intentionalité ou comment la comprendre par analogie (sur le modèle de la machine à calculer ou de l'ordinateur).

Mais, en cherchant à saisir l'intentionalité dans les termes d'une *relation externe* entre l'objet intentionnel et l'objet réel (ou au moins visé), ces tentatives se heurtent à un problème commun. Ce problème provient du fait que les deux termes de la relation, appelons-les le « vécu subjectif » (ou immanent) et le contexte pratique dans lequel ce vécu se construit (l'objet transcendant de ce vécu), sont en réalité inséparables. C'est ce que la phénoménologie husserlienne a mis en évidence. On ne peut penser l'intentionalité sans contenu, et ce contenu ne peut *que* provenir, directement ou indirectement (par la mise en ordre pratique, l'imagination, etc.), de l'extérieur. Par conséquent, Searle a tort de penser que l'état mental intentionnel pourrait à lui seul déterminer, de façon purement interne, ses conditions de satisfaction; car, envisager des conditions de satisfaction, c'est envisager un état de choses *objectif* qui satisferait celles-ci. C'est d'emblée en lien avec une objectivité qu'un état mental peut déterminer des conditions de satisfaction : ce n'est alors plus un pur état mental ou une pure expérience subjective de l'action qui détermine comment l'action intentionnelle peut satisfaire une intention. En la reléguant entièrement du côté de l'intériorité, Searle mentalise l'intentionalité husserlienne[1], mais du coup la rend inopérante.

---

1. J.-L. Petit, *L'action dans la philosophie analytique*, Paris, P.U.F., 1991, p. 308-323.

Car, Frege, Wittgenstein et d'autres[1] ont bien montré qu'une pensée était indissociable de son contenu, elle n'est rien sans son contenu ; on ne peut simplement pas *identifier* une pensée, par exemple celle que Pierre est plus grand que Paul, indépendamment de son contenu. Or ce contenu provient nécessairement de l'extérieur, même si c'est par abstraction ou généralisation, il n'est pas donné *a priori*. La pensée n'est alors pas comme un contenant attendant un contenu. Si la pensée se forme par une sorte de relation entre un être pensant et le monde, la pensée elle-même ne peut être prise comme une pure modalité de l'esprit, elle ne peut être isolée dans un esprit détaché du monde[2]. Pas plus qu'on ne peut envisager de reproduire la pensée en se focalisant sur ses « manifestations extérieures »[3]. L'alternative entre un mentalisme cartésien, qui pose la pensée comme une pure intériorité, et un béhaviorisme caricatural, qui réduit la pensée à des comportements manifestes, ne semble donc pas satisfaisante pour penser l'intentionalité.

Il n'est en effet pas plus raisonnable de vouloir penser l'intentionalité comme pure extériorité. Contre l'approche en première personne (du point de vue de la conscience) de Searle, Dennett aborde le problème en troisième personne en se proposant de construire (ou de démonter) une machine à produire de l'intentionalité. Pour Dennett, il ne suffit pas pour matérialiser l'intentionalité de réifier des états mentaux et de

---

1. G. Frege, « La pensée, une recherche logique », trad. fr. J. Benoist, dans *Textes clés de philosophie du langage*, *op. cit.*, p. 85-124 ; L. Wittgenstein, *RP*.

2. Comme le voudrait Searle, qui se heurte finalement au problème de l'intersubjectivité, qui est aussi celui de la phénoménologie classique : comment l'accord des consciences entre-elles se produit-il ?

3. Ou en imaginant, à la Hegel, un esprit transcendant ou un monde des idées platonicien.

les poser comme la production d'un cerveau biologique. S'appuyant sur la critique rylienne du cartésianisme et de l'existence des états mentaux, Dennett affirme que les concepts psychologiques, que le mentalisme réifie en états mentaux, ne sont qu'une construction du langage et de nos façons de parler. Il faut donc abandonner l'idée que ces mots ont un usage référentiel et désignent nécessairement des états ou des types d'entités quelconques. Searle s'extirpe de cette critique tant bien que mal en proposant de penser les états mentaux intentionnels, non pas en termes d'entités, mais de conditions de satisfaction. Dennett propose, quant à lui, une solution plus radicale : penser l'intentionalité en termes de système intentionnel[1], c'est-à-dire comme une fonction téléologique d'un organisme (reproductible dans d'autres systèmes, un robot, par exemple) qui doit, par ailleurs, être *interprétée* de l'extérieur en termes d'intentionalité.

L'argument de Dennett contre Searle se fonde en partie sur un arrière plan rylien : il considère que peut être dit intentionnel tout ce dont nous avons tendance à décrire le fonctionnement cn termes intentionnels. Cela va des « comportements » d'un thermostat aux mouvements des animaux et à l'action humaine. Indéniablement, il nous arrive souvent de parler de nos objets ménagers, des coups joués par notre logiciel d'échec, des comportements d'un poisson rouge, etc., en termes intentionnels : « les radiateurs sont froids, le thermostat fait encore des siennes » ; « il va essayer de me mettre échec et mat en trois coups » ; « Tom cherche de la nourriture dans son aquarium », etc. D'ailleurs, nous serions prêts à attribuer une forme d'intentionalité à des organismes incapables de concevoir leurs attitudes comme intentionnelles

1. D.C. Dennett, *La conscience...*

et ayant existé avant nous. Gommer ainsi l'idée qu'il y aurait une différence de *nature* entre êtres conscients et êtres non-conscients suggère qu'il n'y a pas réellement de contenus intentionnels auxquels les êtres conscients auraient accès et pas les autres. Seul varierait le *degré* de complexité de la machine ou de l'organisme envisagé.

Pourtant, la possibilité de qualifier d'intentionnels toute une gamme de comportements ne veut pas dire qu'on pourrait poser une équivalence entre tous les usages d'un langage intentionnel. Nous pouvons, à ce titre, reprocher à Dennett de ne pas faire de véritables différences au sein de la variété des usages du langage consistant à attribuer des attitudes inten-tionnelles. Car il y a une différence entre décrire les mouve-ments d'une machine en termes intentionnels (par extension ou métaphore) et attribuer une intentionalité ou un esprit à un agent ou un locuteur. La distinction searlienne entre inten-tionalité dérivée – c'est-à-dire qui n'est pas propre à la chose concernée, mais qui lui est seulement attribuée par un être conscient – et intentionalité intrinsèque trouve ici un écho « grammatical »[1], au sens de Wittgenstein. Ces usages sont distincts, parce que nous ne tirons pas les mêmes *consé-quences pratiques* du fait que notre lave-vaisselle rechigne à laver correctement les assiettes et du fait que Charles rechigne à laver les assiettes : dans un cas, la machine ira chez le répara-teur ou sera remplacée (éventuellement par Charles, temporai-rement) ; dans l'autre, il faudra s'engager dans une longue

---

1. Il faut relativiser le parallèle car, pour Searle, le critère de l'intentionalité intrinsèque est un vécu subjectif. Tandis que nous soutenons que se reflète dans la grammaire la différence entre l'attribution d'une inten-tionalité et d'un esprit à un être (qui consiste, entre autres, à lui attribuer une intériorité, même si celle-ci n'est pas le critère de l'intentionalité) et la description d'un mécanisme, par exemple, en termes intentionnels.

bataille pour convaincre Charles que c'est à son tour de laver la vaisselle. Bien sûr, ces différences entre des usages métaphoriques d'un vocabulaire intentionnel ou une attribution dérivée d'intentionalité, et l'attribution d'intentionalité à un agent – qu'on peut caractériser, nous le verrons, par une certaine idée que l'agent a de ce qu'il fait – sont sensibles à des situations et des contextes particuliers[1]. Mais le fait même de ces différences montre qu'on ne peut pas si aisément établir une continuité au sein de toutes les formes d'attribution d'intentionalité, comme Dennett semble précisément vouloir le faire pour sauver de la critique wittgensteinienne sa notion de « système intentionnel » sans retomber dans un matérialisme cartésien. Qu'il y ait un « air de famille » entre ces usages variés ne veut pas dire qu'on puisse en tirer des conséquences pratiques identiques à chaque fois. Ce point peut sans doute être à nouveau illustré par la réticence que nous aurions à attribuer des valeurs morales aux actions d'un robot, ou même d'un animal sauvage, autrement que de façon métaphorique[2]. Wittgenstein ne dit pas autre chose lorsqu'il suggère que les morceaux de langage émis par un perroquet ou un gramophone

---

1. Mettre ainsi « dans le même sac » ces usages variés, c'est occulter l'importance fondamentale des raisons d'agir des agents (raisons qu'on ne peut attribuer à tout un ensemble de choses – comme ce que font nos ordinateurs, nos voitures, etc. – que l'on aurait pourtant tendance à décrire en termes intentionnels). Cf. *infra*, p. 60 *sq*.

2. Sur cette question de l'attribution des intentions, voir nos articles « L'expression naturelle des intentions : un débat entre Anscombe et Wittgenstein ? », dans D. Perrin, L. Soutif (dir.), *Cahiers de Philosophie du Langage*, vol. 7, *Wittgenstein en confrontation*, Paris, L'Harmattan, p. 25-42 et « Avoir et exprimer des intentions », dans Ch. Chauviré, S. Plaud (éd.), *Lectures de Wittgenstein*, Paris, Ellipses, à paraître.

ne nous conduisent pas à attribuer à ceux-ci une once d'intentionalité[1].

Ceci tend à suggérer, d'une part, qu'il est risqué de chercher à caractériser l'intentionalité en se fondant sur un modèle particulier d'attitude dite «intentionnelle»[2] (par exemple, la perception, le langage ou l'action) et, d'autre part, qu'il n'est pas si simple de se débarrasser de la dimension d'appréhension subjective, de saisie d'un contenu, propre à l'intentionalité et dont Dennett cherche à se débarrasser.

Bien sûr, quoiqu'intuitivement percutante, l'expérience de pensée de Searle a, pour sa part, les défauts de toute expérience de pensée philosophique : elle est idéalisée et fait abstraction des circonstances et des données contextuelles qui encadrent normalement les pratiques humaines, y compris langagières. Mais ce reproche ne s'adresse, ni exclusivement, ni prioritairement à Searle. Il s'adresse plus généralement au mode de questionnement qu'engage ce débat, dont, rappelons-le, l'alternative est la suivante : soit on peut produire artificiellement de l'intentionalité (c'est l'hypothèse fonctionnaliste et de l'intelligence artificielle), auquel cas l'intentionalité est réductible à des mécanismes reproductibles et manifestée par des comportements ; soit on ne peut pas produire de l'intentionalité artificiellement, auquel cas l'intentionalité est une donnée irréductible de la conscience subjective (que seul un cerveau organique peut produire). En d'autres termes, soit on peut matérialiser l'intentionalité, soit elle possède une

---

1. L. Wittgenstein, *RP*, *op. cit.*, § 344.
2. C'est succomber à la pulsion de généralité dénoncée par Wittgenstein dans le *Cahier bleu*, trad. fr. M. Goldberg, J. Sackur, Paris, Gallimard, 1996, p. 57-58.

dimension irréductiblement mentale (quoique réalisée dans la matière).

Mais on est en droit de s'interroger sur la fidélité de cette alternative à la réalité, en l'occurrence, des usages du langage : comme si dire quelque chose, ou produire un certain sens, était une activité isolée de son contexte pratique ; comme s'il était possible de produire du sens sans faire intervenir à aucun moment un frottement avec le monde (que ce soit depuis la conscience d'un individu ou par l'agencement de mécanismes complexes). Searle a certes raison d'affirmer que pour que *Le chat est sur le lit* dise quelque chose, il faut *au moins* qu'au préalable ce sens ait été défini par la communauté des locuteurs français et il faut, par ailleurs, des gens pour reconnaître qu'il s'agit de langage, et non d'un ensemble de sons ou de traces noires sur une feuille de papier. Voilà la preuve, pour Searle, qu'il faut des consciences pour fabriquer du sens. Mais, de même que le cerveau artificiel ne parvient pas à produire de l'intentionalité, les consciences à elles seules (hors d'un monde) ne peuvent pas produire du sens. Car, Wittgenstein et Frege l'ont bien montré, pour produire du sens, il faut qu'intervienne un frottement avec le réel, frottement qui rend possible l'« accord dans le langage »[1]. Or l'intentionalité, qui caractérise la conscience comme étant nécessairement conscience *de* quelque chose, peut, si elle est correctement comprise, rendre compte de ce frottement (au moins dans une certaine mesure), comme le montre l'intentionalisme défendu par V. Descombes[2]. Nous allons voir qu'il ne suffit alors pas, comme le fait Searle, de donner un rôle au monde (celui

1. Sur ces questions voir Ch. Travis, *Les liaisons ordinaires*, trad. fr. B. Ambroise, Paris, Vrin, 2001 ; J. Benoist, *Les limites…* ; *Concepts*.
2. V. Descombes, *Les institutions…*

d'objet de conscience). Il faut véritablement sortir du dualisme entre l'esprit et le monde, cesser de penser l'intentionalité comme une relation entre deux instances et redonner à l'extériorité et à la pratique le rôle principal, sans nier l'importance des consciences.

DU PARADIGME CARTÉSIEN AU PARADIGME ARISTOTÉLICIEN : DÉPSYCHOLOGISER L'INTENTIONALITÉ

Pour cesser le va-et-vient entre les deux branches de l'alternative cartésienne et reformuler le problème de l'intentionalité, certains auteurs[1] ont bien vu qu'il fallait sortir du dualisme, voire cesser de penser l'intentionalité comme une relation.

Le paradigme aristotélicien et l'irréductibilité de l'intentionalité

Si de nombreux théoriciens de l'intentionalité, médiévaux et contemporains, se réclament d'Aristote, il n'y a chez ce dernier « ni théorie de l'intentionnalité comme telle, ni même usage précurseur du mot ou du concept. Et pourtant, sa conception des fonctions de l'âme est au plus haut point intentionnelle »[2]. En ce sens, l'intérêt de remonter à Aristote pour saisir les enjeux philosophiques des problèmes de l'intentionalité ne réside pas dans la manière dont ces derniers trouvent chez lui leurs racines, mais vise plutôt à montrer

---

1. P. Hacker dans *Neuroscience...*, *op. cit.*, p. 130 *sq.* ; V. Descombes, *La denrée mentale* ; J. Benoist, *Les limites...*
2. A. Stevens, « Le rapport de l'âme au monde selon Aristote », dans L. Couloubaritsis, A. Mazzù, *Questions sur l'intentionnalité*, *op. cit.*, p. 13.

l'actualité de sa pensée. En effet, le premier avantage de la réflexion aristotélicienne est de permettre de sortir du paradigme dualiste, remettant ainsi en cause le cadre même des questionnements contemporains sur la nature des rapports de l'esprit au monde [1] :

> On n'a même pas besoin de chercher si le corps et l'âme font un, exactement comme on ne le demande non plus de la cire et de la figure, ni, globalement de la matière de chaque chose et de ce qui a cette matière. Car l'un et l'être, dont on parle effectivement en plusieurs sens, c'est la réalisation [2].

Cette citation du traité *De l'âme* permet de cerner précisément le cadre de réflexion dans lequel Aristote pense les fonctions de l'âme et le changement de perspective qu'il permet d'effectuer : il n'y a rien de caché derrière l'unité complexe du vivant telle qu'elle se présente à nous. Ce n'est plus dans une intériorité insondable que nous cherchons l'intentionalité, ni même dans ses manifestations externes ; la distinction entre l'intérieur et l'extérieur perd son sens ou change radicalement de sens. Car l'un *est* l'autre et inversement. Rappelons à ce propos le commentaire de R. Bodéüs :

> La définition de l'âme par la notion de « réalisation » d'un corps évacue la question de l'unité de l'âme et du corps, parce que matière et forme sont « une seule et même chose », qu'on tient pour potentielle d'un côté et pour actuelle de l'autre et que

---

1. C'est d'ailleurs une des raisons pour lesquelles certains philosophes d'obédience wittgensteinienne, comme E. Anscombe, M. Nüssbaum, A. Kenny et même H. Putnam se sont intéressés à Aristote. Ils trouvent chez ce dernier une conception de la nature humaine débarrassée de la tentation dualiste et de l'idéalisme platonicien.

2. Aristote, *De l'âme* (désormais *DA*), trad. fr. R. Bodéüs, Paris, Flammarion, 1993, p. 137-138, 412b4.

l'unité de cette chose substantielle (le corps animé) lui est
donnée en raison d'une forme immanente [1].

Ce n'est donc pas à un être composé de substances que
nous avons affaire, mais c'est à un être vivant *dans son entier*
(et non une partie de lui, qui serait son esprit); un être qui,
dans l'optique d'une étude de l'intentionalité, manifeste
cette dernière [2]. Nous pouvons donc, dans une perspective
contemporaine, distinguer un paradigme aristotélicien qui
s'appuierait sur la conception de l'âme incarnée d'Aristote
d'un paradigme cartésien qui s'appuierait sur (ou viserait à
dépasser) une conception substantielle de l'esprit. L'âme,
pour Aristote, est ce en vertu de quoi un corps vivant est en vie.
Pour Descartes, les corps (vivants ou morts) font partie du
monde de la matière et reçoivent à ce titre une explication
d'ordre physique [3]. Quant à sa conception de l'âme ou de
l'esprit, elle est l'héritière d'un platonisme combattu par
Aristote, selon lequel il y a des activités propres à l'âme qui ne
deviennent activités d'un corps que de manière contingente ou
accidentelle [4].

Aussi, sans endosser nécessairement la portée métaphysique du traité *De l'âme*, la pensée aristotélicienne nous
permet d'assumer pleinement l'idée que les actions des êtres
vivants peuvent être comprises à un niveau d'explication qui
est *distinct* (mais tout aussi instructif) de celui des explications
en termes de régularités du mouvement et de lois de la nature.

---

1. Note de R. Bodéüs dans Aristote, *DA*, p. 138.
2. *Cf.* commentaire du *MA*, *infra*, p. 110 *sq.*
3. R. Descartes, *Discours de la méthode*, Paris, Vrin, 2002, p. 38 *sq.*
4. *Cf.* M. Frede, «On Aristotle's Conception of the Soul», dans
M.C. Nussbaum, A. Oksenberg Rorty (éd.), *Essays on Aristotle's* De Anima,
Oxford, Clarendon Press, 1992, p. 93-107.

Ceci ne revient pas à postuler « un type de causalité mystérieuse », mais à saisir (dans la perspective d'un naturalisme
descriptif) le vivant et sa nature dans *toute sa spécificité* [1].

Au fond, Aristote pointe une spécificité des explications
propres aux activités humaines et animales, qui se manifeste
par la nature même de ces activités, sans que nous ayons
besoin de rapporter ces explications à autre chose que ces
activités elles-mêmes [2]. L'intérêt que les wittgensteiniens
portent à Aristote vient précisément de ce qu'il permet de
penser « l'histoire naturelle de l'homme » [3] (y compris sa
nature animale) hors du paradigme naturaliste matérialiste
contemporain, pour sa part héritier des problématiques
cartésiennes. Il propose une autre compréhension de la nature
humaine, qui intègre sa dimension « intentionnelle ». Aristote
se refuse à considérer les objets naturels, vivants, humains, etc.
comme de simples « configurations d'entités plus basiques » [4],
qui seraient les choses réelles et qu'on expliquerait, par exemple, du seul point de vue de la matière. Le mode d'existence
qu'on pourrait dire « intentionnel » des objets dans l'esprit
n'est pas matériel mais purement formel. Dans la perception,
c'est la *forme* de l'objet matériel perçu qui se présente à
l'intellect. Mais cette dimension intentionnelle, qui caractérise
le rejet aristotélicien d'un réductionnisme-matérialiste, ne
vient pas se surajouter comme l'esprit à la matière.

---

1. *Ibid.*, p. 102.
2. Ce thème de la spécificité des explications de l'action est largement
travaillé dans les études wittgensteiniennes sur la distinction entre explication causale et explication par les raisons. Voir, par exemple, les travaux
de L. Wittgenstein, E. Anscombe, Ch. Chauviré, V. Descombes, S. Laugier,
J. Tanney, G.H. Von Wright, etc.
3. L. Wittgenstein, *RP*, *op. cit.*, § 25.
4. M. Frede, « On Aristotle's Conception… », art. cit., p. 99.

M. Nussbaum et H. Putnam voient la conception
aristotélicienne de la forme et de la matière (son hylémor-
phisme) comme une troisième voie à l'alternative entre
un réductionnisme matérialiste et un dualisme cartésien[1].
Ils montrent ainsi que la perspective aristotélicienne est étran-
gère aux débats contemporains en philosophie analytique de
l'esprit, dans la mesure où elle traite de « la caractérisation de
la relation qui, dans des choses très variées, existe entre leur
organisation ou leur structure, et leur composition matérielle.
[Elle] concerne des êtres et des choses de toutes les substances,
y compris tous les êtres vivants (les plantes et les animaux au
même titre que les humains), tous les êtres naturels inanimés et
aussi toutes les substances non-naturelles (les artefacts) »[2].

Il s'agit donc, à proprement parler, de centrer son regard
sur les mouvements et les activités des êtres dans leur entier
et d'expliquer ces activités de manière globale, sans chercher
à les analyser sous une seule de leur dimension (ce en quoi
consiste au fond l'idée de s'en tenir à une analyse purement
physiologique des mouvements humains, refusant ainsi
d'analyser *l'action* à proprement parler).

C'est donc toujours d'une âme incarnée dont traite
Aristote, et ceci apparaît particulièrement dans son traité sur
Les mouvements des animaux[3]. Il n'est pas possible de rendre
compte de l'action par la considération d'une causalité purement matérielle ou physiologique. Ce qui distingue le mouve-

---

1. M. Nussbaum, H. Putnam, « Changing Aristotle's Mind », dans
M.C. Nussbaum, A. Oksenberg Rorty (éd.), *Essays on Aristotle's* De Anima,
op. cit., p. 28 *sq.*; H. Putnam, « Philosophy and our Mental Life », *Mind
Language and Reality*, Cambridge UP, 1975, p. 291-303 ; M. Nussbaum,
Aristotle's De Motu Animalium, Princeton UP, 1978.

2. M. Nussbaum, H. Putnam, « Changing… », art. cit., p. 28.

3. Cf. *infra*, p. 105-109.

ment mécanique du mouvement des animaux (y compris les humains), c'est l'intervention d'un «changement (physio-logique) qualitatif»[1], d'une *alloiôsis* ou altération, qui peut provenir de la perception, de l'imagination ou de la pensée. Ici, le changement matériel est partie intégrante de ce en quoi consiste la perception, l'imagination ou la pensée et, bien sûr, l'action. Désirs et perceptions sont incarnés, mais ceci n'a rien à voir avec une tentative réductionniste de faire émerger l'intentionalité de la matière[2]. L'intentionalité n'est alors pas la marque du mental, elle rend compte des actes de certains types d'êtres vivants.

Extérioriser l'intentionalité

Le paradigme aristotélicien permet ainsi d'abandonner une certaine vision de l'intentionalité comme la propriété d'un esprit pensant ou d'un esprit-cerveau-machine, et de la penser avant tout comme l'activité d'un être dans son entier (qui perçoit, pense et agit dans un environnement). Cette première conversion du regard permet de s'extraire des apories auxquelles conduit le modèle cartésien, qui posait une alternative stricte entre une ontologie matérialiste et un dualisme des substances. Elle permet de procéder à l'élabo-ration d'un «intentionalisme» caractérisé par Descombes comme une «doctrine de l'esprit qui non seulement définit le mental par l'intentionalité, mais inclut dans ce mental l'agir, au lieu de renvoyer l'action à une conséquence ou à un effet des procès mentaux, comme le font les cartésiens», faisant ainsi de la «philosophie de l'esprit» une «philosophie de

---

1. M. Nussbaum, H. Putnam, «Changing... », art. cit., p. 39.
2. Aristote, *MA*, 701b2-32. *Cf.* M. Nussbaum, H. Putnam, *ibid.*, p. 38 *sq.*

l'action »[1]. Par conséquent, « si c'est dans un sens analogue qu'un geste est intentionnel et qu'un acte mental est intentionnel – qu'ils « visent » quelque chose –, alors il ne faut pas du tout chercher à concevoir l'intentionalité comme une forme de relation de sujet à objet »[2]. Cette approche nous invite plutôt à voir l'intentionalité de l'extérieur et rétrospectivement : c'est d'une certaine façon à partir de son but qu'on détermine la visée intentionnelle, et qu'on détermine si elle a réussi ou échoué à atteindre ce but[3].

Il reste alors à effectuer une seconde conversion du regard. Celle que proposent également Descombes, Benoist ou Putnam, en s'inspirant de la philosophie wittgensteinienne et du langage ordinaire. Cette seconde conversion poussera à chercher l'intentionalité, non pas dans les propriétés des phénomènes (la perception ou l'action *vécues*), mais dans ce que nous *disons* et *pouvons dire à bon droit* sur ces phénomènes ; c'est-à-dire dans les pratiques (langagières et sociales) qui possèdent une dimension d'*intentionalité*, intentionalité qui ne sera alors plus conçue comme une pure visée.

Nous pouvons pour cela distinguer[4] l'intentionalité comme *visée* et l'intentionalité comme *intensionalité*. L'intentionalité comme visée est l'acte intentionnel par lequel on *vise* quelque chose (dans la perception ou dans l'action, par exemple). L'intentionalité comme intensionalité décrit une façon de saisir l'objet, par un biais conceptuel ou, comme le dit Anscombe, « sous une description » : parmi toutes les façons

---

1. V. Descombes, *La denrée mentale*, *op. cit.*, p. 41.
2. *Ibid.*
3. *Ibid.*, p. 39.
4. Comme le fait, par exemple, J. Hintikka dans *The Intentions of Intentionality*, Reidel, Dordrecht, 1975, chap. 10.

possibles d'envisager ou de voir un certain objet, une certaine façon ou une certaine description de ce qui est envisagé est privilégiée.

Quoique ces deux modèles ne soient pas absolument exclusifs, nous avons vu que le point faible du modèle de la pure visée est de n'offrir aucune prise sur le réel, de s'avérer incapable de rendre véritablement compte de la distinction entre l'état de choses visé et les modalités de cette visée[1], distinction qui est tributaire de la nécessaire détermination du contenu de la visée par l'extériorité.

Ce point est particulièrement saillant dans le cas de l'action, car celle-ci est par définition un processus en devenir : ce qui advient dans l'action est nécessairement marqué par des éléments contingents qui ne font pas partie de la visée de départ de l'agent : si je vais m'acheter une robe cet après-midi, je rentrerai ce soir avec une certaine robe particulière, disons fleurie. Mais ce n'était pas (ce ne pouvait pas être) *cette* robe particulière que j'avais l'intention d'acheter en partant cet après-midi (car j'en ignorais alors l'existence même). La réalisation effective de l'action, avec tous les éléments contingents qu'elle comporte, ne peut pas coïncider parfaitement avec l'action visée : la robe que, pour ainsi dire, je « visais » en intention n'était pas aussi spécifique (elle n'avait pas ce motif, cette couleur, cette forme particulière), que celle que j'ai finalement achetée. C'est, soit dit en passant, une des raisons pour lesquelles le modèle searlien des directions d'ajustement n'est pas tout à fait satisfaisant : il n'y a jamais véritablement de *coïncidence* entre l'action visée et l'action réalisée, parce que l'action visée en pensée possède une certaine généralité

---

1. Ce problème est analysée par J. Benoist dans *Les limites…*, *op. cit.*, p. 243 *sq.* ; V. Descombes, *Les institutions…*, *op. cit.*, p. 9 *sq.* Cf. *supra*, p. 39 *sq.*

que l'action effective ne possède pas; ou plutôt, l'action effective est singulière, elle possède une spécificité que la visée intentionnelle de cette action n'a pas. Autrement dit, l'achat d'une tout autre robe aurait tout autant satisfait mon intention d'acheter une robe cet après-midi. Cette spontanéité qu'autorise le domaine de l'action ne peut pas être rendue par le simple modèle de la visée [1].

Il faudrait donc préférer à ce modèle de la visée celui de l'intensionalité. D'après ce modèle, dans l'action intention-nelle, c'est *sous une certaine description* que l'action est envisagée par celui qui l'effectue : ainsi le même geste peut consister à héler un taxi ou à saluer un ami sur le trottoir d'en face; pour distinguer un cas de l'autre on cherchera la description qui rend compte de l'intention de l'agent à ce moment-là. Selon cette seconde vision de l'intentionalité, l'accent est replacé sur l'objet plutôt que sur le mode de visée. À travers cette critique de l'intentionalité comme simple visée, la tension entre la compréhension du problème de l'intentiona-lité comme relation ou comme mode d'être d'un objet resurgit.

Notons cependant que ce modèle de l'intensionalité possède plusieurs avantages : il permet de penser les échecs et les succès de la visée et il permet également de penser l'écart entre la particularité du réel et la généralité de la saisie inten-tionnelle sur le modèle de l'écart entre la diversité du réel et la généralité conceptuelle. Par exemple, le concept de « ballon de foot » peut être instancié, dans la réalité et selon les contextes, par de nombreux objets : ce qui vaut comme un ballon de foot pour un match professionnel sera différent de ce qui peut

---

1. Dans la même veine, Hintikka suggère que, par son effet de surprise, la création artistique supporte mal le modèle de la visée. Cf. *The Intentions...*, *op. cit.*, p. 195-197.

valoir comme tel dans le contexte d'un jeu de jardin ou dans celui d'un tournoi de baby-foot. Comme l'a montré Benoist, le concept général ne semble pouvoir acquérir la spécificité de la saisie intentionnelle que sur fond de *circonstances* qui viennent spécifier la portée du concept (ce qui pourra valoir comme ce que le concept désigne) en une occasion donnée :

> J'emploie un mot et, dans une situation déterminée, il faudra décider à quoi je suis prêt à l'appliquer. Voici qui n'est pas déjà compris dans l'intention que je pouvais placer dans le mot (*a priori*) : c'est plutôt la réalité qui vient déterminer cette intention par la façon qu'elle a de nous forcer à *prendre une décision sur l'application du mot*. Le sens de l'intention, jusqu'à un certain point, est toujours *a posteriori*, il se dit au passé[1].

« Le sens se construit dehors »[2]; c'est là et non dans la visée qu'il faut le chercher. C'est dans l'indétermination et l'ambiguïté du sens de l'action et de la visée intentionnelle que réside la nécessité du recours à l'extériorité pour déterminer ce qui est visé. Ce « frottement du réel » que la conscience ne peut anticiper, offre une preuve supplémentaire de l'impossibilité d'une visée transcendantale, *a priori*. Ainsi, la saisie intentionnelle ne peut être pensée comme le rapport d'une pure intériorité détachée des circonstances[3] à un réel particulier, qui donnerait à celle-ci un contenu concret. Si elle veut avoir une chance de porter sur le réel, la visée ou la saisie doit *déjà* être marquée par un contexte de saisie, qui vient limiter ce qui

---

1. J. Benoist, *Les limites...*, *op. cit.*, p. 260.
2. *Ibid.*, p. 273.
3. Comme un énoncé dans un livre de grammaire, dont seule nous importe la structure grammaticale, abstraction faite de ce qu'il peut vouloir dire en contexte.

comptera comme objet de cette saisie. Ainsi, « aller chercher un ballon de foot » ou « suivre du regard les mouvements du ballon » n'auront pas la même portée selon que nous nous trouvons dans le contexte d'un jeu de jardin ou dans celui du tournoi de baby-foot ; si vous apportez une balle de baby-foot pour jouer au jardin, vous n'aurez pas rempli ce que Searle appelle les « conditions de satisfaction » de l'action visée. Ici, ce n'est pas l'énoncé (représentant la visée intentionnelle) *à lui seul* qui détermine ses conditions de satisfaction, mais c'est l'énoncé assorti des *circonstances* de l'action. Il n'y a donc pas de pur acte de visée, mais la visée est forcément parasitée par des éléments contextuels qui la spécifient, la rende susceptible d'échec et en font véritablement une visée.

Il y a donc un moyen de sortir du dilemme de la visée ou du mode d'être. Celui-ci consiste précisément à envisager l'intentionalité « en contexte », comme dirait Benoist, c'est-à-dire en l'intégrant à une pratique et des institutions (langagières, entre autres), qui la placent à « l'extérieur » des individus (dans des modes de descriptions et d'appréhensions de ce qu'ils font et disent), sans lui retirer sa dimension de « point de vue » subjectif sur les choses (objets de perception, actions, etc.). Descombes a montré, à la suite notamment d'Anscombe, que ces deux aspects peuvent être tenus ensemble.

L'intentionalité de l'action

Dans *L'intention*, Anscombe caractérise l'intentionalité de l'action avec, pour point de départ méthodologique, l'idée que, pour caractériser la notion d'intention, il faut d'abord mettre au jour la façon dont nous procédons dans la vie courante pour déterminer les intentions des gens. Il s'agit donc d'identifier les éléments (contextuels, langagiers, comporte-mentaux, etc.) grâce auxquels nous attribuons (généralement avec justesse) certaines intentions aux gens. Ce point de départ méthodologique lui permet ensuite de mettre en évidence des traits caractéristiques des rapports entre les notions d'action et d'intention, et en particulier de montrer que l'intention n'est pas (comme le suggère Searle) un *composant* de l'action, mais plutôt que les notions d'action et d'intention sont si intimement liées sémantiquement, qu'on ne pourrait imaginer l'existence de l'une sans l'autre et inversement. Ceci la conduit à penser la dimension d'intentionalité comme essentielle à l'action. C'est le déroulement de cet argument que nous proposons de développer.

Notons d'abord que si les notions d'intention et d'intentionalité sont très liées, elles ne se confondent pas entièrement. Il y a une nuance importante entre l'idée (d'où découle notre notion d'intentionalité de l'action) selon laquelle il existe une *relation conceptuelle* intime entre « action » et « intention » et l'idée selon laquelle la présence d'une intention (comme visée d'une certaine action) *définirait* l'action (c'est-à-dire selon laquelle il n'y aurait pas d'action sans intention[1]). Il faudra donc préciser en quel sens la notion d'intention est intégrée (*build in*) à celle d'action, afin d'envisager cette nouvelle perspective sur l'intentionalité.

« L'intention d'un homme, c'est son action »

Revenons un instant sur le point méthodologique central selon lequel l'éclaircissement philosophique (conceptuel) de la notion d'intention passe par l'analyse de la façon dont, à juste titre, nous attribuons certaines intentions aux gens, explicitement ou implicitement (ce qui peut se manifester par l'atti-

---

1. Une idée que l'on trouve d'ailleurs chez D. Davidson. *Cf.* « L'agir », dans *Actions et événements*, *op. cit.*, p. 68-73.

tude que nous adoptons alors envers quelqu'un). Il est tentant d'analyser, comme le font Searle ou Davidson[1], l'intention comme un état purement mental, comme ce qui appartient aux contenus de l'esprit de quelqu'un dissociés de ses actions : une intention peut en effet être seulement envisagée, mais jamais réalisée ; ou encore ce que quelqu'un fait peut ne pas correspondre à ses intentions. Ce possible décalage entre ce qui se produit (ce que les gens font) et les intentions des gens suscite la tentation de chercher *avant tout* l'intention dans des états psychologiques internes, principalement accessibles en première personne, de manière subjective[2]. Mais cette approche a un inconvénient : elle ne permet pas de comprendre comment nous en venons à attribuer avec justesse, en troisième personne, des intentions ou une intentionalité à autrui. Le recours aux intuitions ou aux expériences subjectives pour analyser l'intention et son rôle dans l'action a des relents de cartésianisme peu satisfaisants. Il nous enferme dans une posture subjectiviste, dans un « solipsisme méthodologique » (voulant que ce soit le monde tel que nous le voyons « de l'intérieur » qui explique nos comportements)[3]. Au contraire, nous voulons comprendre comment des intentions peuvent être attribuées de l'extérieur, en troisième personne : c'est seulement à cette condition que nous pourrons mettre au jour le fonctionnement, la portée et les limites de l'attribution d'intention. Cela devrait éclairer la question, qui préoccupe, entre autres, Searle et Dennett, de l'attribution d'intentiona-

---

1. D. Davidson, « Avoir une intention », dans *Actions et événements*, *op. cit.*, p. 125 *sq.*

2. On retrouve « l'expérience de l'action » de Searle, discutée plus haut.

3. Rejeté notamment par H. Putnam dans *Pourquoi ne peut-on pas naturaliser la raison ?*, trad. fr. Ch. Bouchindhomme, Paris, Éditions de l'éclat, 1992, p. 26 *sq.*

lité, et celle de savoir comment rendre compte d'une attitude consciente.

Il est possible de révéler de manière objective les conditions et les circonstances dans lesquelles nous pouvons affirmer de façon légitime ou vraie que quelqu'un a telles ou telles intentions. C'est donc l'aspect normatif des usages de la notion d'intention qui nous intéresse : les règles selon lesquelles, ou les conditions dans lesquelles, nous attribuons à juste titre des intentions aux gens ; plus généralement, les cas dans lesquels nous employons une notion d'intention. Dès lors, le lien étroit entre intention et action apparaît immédiatement : « En gros, un homme a l'intention de faire ce qu'il fait effectivement »[1]. Il ne s'agit pas de nier la possibilité d'un décalage entre l'intention et l'action, mais simplement d'observer que la règle consiste plutôt à présupposer spontanément que toutes celles et ceux que nous voyons quotidiennement agir *savent ce qu'ils sont en train de faire* :

> Je pense ici au genre de choses que vous diriez dans un tribunal si vous étiez témoin et qu'on vous demandait ce que faisait une personne quand vous l'avez vue[2].

Ce que font les gens fonctionne potentiellement comme un révélateur de leurs intentions. L'attitude normale consiste ainsi à se comporter avec autrui « comme s'il » agissait intentionnellement, sauf indication manifeste du contraire. C'est donc généralement à leurs *actions* que nous identifions les intentions des gens (et pas, par exemple, en cherchant à identifier dans leurs esprits un certain état mental ou en observant un état fonctionnel de leur cerveau). Même si « en général, la

---

1. G.E.M. Anscombe, *L'intention*, *op. cit.*, p. 92 (trad. mod.).
2. *Ibid.*, p. 43.

question de savoir si les faits et gestes d'un homme sont intentionnels ne se pose pas »[1], dans un contexte pertinent, rendre
compte de ses faits et gestes permet généralement de rendre
compte des intentions de quelqu'un.

Raisons d'agir

Reste à déterminer de quelle nature sont ces intentions que
nous attribuons aux agents et ce qui caractérise plus spécifiquement l'action intentionnelle. Nous pouvons le faire
au moyen d'un outil conceptuel : en identifiant les actions
auxquelles s'applique la question « Pourquoi ? » prise en un
sens « dans lequel la réponse mentionne, si elle est positive,
une raison d'agir »[2]. Cette question fonctionne comme une
sorte de test ou d'outil conceptuel pour mettre en évidence une
spécificité de l'action par rapport à ce qui peut par ailleurs se
produire dans le monde : si nous avons affaire à une action,
nous pouvons nous interroger sur les *raisons* que son agent a
ou a eues de la faire ; nous pouvons nous demander *pourquoi* il
l'a faite en cherchant ainsi à connaître ses motifs ou ses
raisons. Il s'agit d'une question conceptuellement discrimi-
nante qu'on ne peut poser *qu*'à propos d'actions : nous ne
pouvons pas – sauf dans un contexte fictif ou métaphorique –
nous interroger *en ce sens* sur les raisons pour lesquelles le
lave-vaisselle a refusé de laver la vaisselle correctement ; ce
que nous chercherons alors ce sont les éventuelles causes
mécaniques qui l'ont empêché d'accomplir la tâche à laquelle
il est normalement destiné.

D'où l'importance de distinguer plusieurs sens (au moins
deux) de la question « Pourquoi ? », menant à des types

---

1. G.E.M. Anscombe, *L'intention*, *op. cit.*, p. 71.
2. *Ibid.*, p. 45.

d'enquête différents : un sens qui ferait appel à des raisons d'agir et un sens qui ferait appel à une explication de type causal ou à un certain type d'enquête empirique sur les modes de fonctionnement de ce qu'on cherche à expliquer. Si c'est bien seulement à propos d'actions que la question pourquoi-demandeuse-de-raison se pose de manière légitime, nous tenons là une observation conceptuelle cruciale : il existe une sorte de dépendance fondamentale entre la notion d'action et la pratique consistant à donner des raisons d'agir et à s'interroger sur les raisons d'agir des agents.

> Ce n'est pas que certaines choses, à savoir les mouvements des humains sont, pour des raisons que nous ignorons, sujettes à la question « Pourquoi ? ». De même, ce n'est pas simplement que certaines apparences de craie sur le tableau sont sujettes à la question « Qu'est-ce que cela dit ? ». C'est au sujet d'un mot ou d'une phrase que nous demandons « Qu'est-ce que cela dit ? ». Et la description de quelque chose comme un mot ou une phrase ne pourrait pas avoir lieu si les mots ou les phrases n'avaient pas déjà une signification. [...] Ainsi, la description de quelque chose comme une action humaine ne pourrait pas préexister à la question « Pourquoi ? » considérée comme une forme d'expression verbale qui nous pousserait *alors* obscurément à nous poser cette question [1].

Si cette dépendance est bien fondamentale, si la pratique consistant à donner des raisons d'agir est bien conceptuel-lement constitutive de la notion d'action, cela signifie qu'on ne peut analyser *l'agir* indépendamment des *raisons* d'agir. L'erreur de Dennett apparaît désormais plus clairement : son idée que des systèmes intentionnels sont simplement des

---

1. *Ibid.*, p. 143-4 (trad. mod.).

systèmes dont on peut décrire les «comportements» dans un vocabulaire intentionnel fait abstraction de cette pratique langagière constitutive de l'agir; celle qui consiste à donner des raisons d'agir et donc à rendre compte, d'une manière qu'il reste à préciser, du point de vue, en première personne, de l'agent sur son action.

Action intentionnelle et intentionalité de l'action

Spécifions d'abord les rapports qu'entretient, dans l'analyse de l'action, cette notion de raisons d'agir avec les notions d'intention, d'action intentionnelle et d'intentionalité. À cet effet, revenons à la distinction, opérée par Anscombe, entre trois usages de la notion d'intention[1]. Le premier, l'expression d'intention, prend généralement la forme d'une expression verbale du type «Je vais faire telle et telle chose». Le deuxième, l'action intentionnelle, désigne les cas où nous agissons et *savons* ce que nous sommes en train de faire: c'est *intentionnellement* que nous faisons ce que nous faisons. Le troisième, l'intention dans l'action, fait référence à la visée de l'action, à ce en vue de quoi nous l'effectuons, l'intention *dans laquelle* nous agissons: par exemple, si je mets de l'eau à bouillir *pour* faire du thé, mon intention en faisant bouillir de l'eau est de faire du thé.

L'usage central, qu'il faut étudier pour comprendre l'intentionalité de l'action, est celui par lequel nous qualifions une action d'intentionnelle. Dans cet usage, la notion d'intention est impliquée au sens où, comme le remarque Austin: «Tandis que j'avance dans la vie, faisant, on le suppose, une chose après l'autre, j'ai en général toujours une idée (…) de ce

---

1. G.E.M. Anscombe, *L'intention*, *op. cit.*, § 1.

que j'ai en vue, de ce dans quoi je suis engagé, de ce à quoi je m'apprête, ou en général de "ce que je suis en train de faire" » [1]. Or, nous l'avons vu, le domaine de l'action peut être caractérisé comme portant sur ce à propos de quoi *cela a un sens* de chercher des raisons d'agir : il s'étend donc du comportement animal [2] (dont nous rendons fréquemment compte en invoquant des raisons d'agir : par exemple, le chat miaule près de la porte *parce qu'il veut sortir*) aux actions humaines. Le domaine de l'action intentionnelle recouvre, pour sa part, l'ensemble des actions pouvant être expliquées par des raisons d'agir : la question-pourquoi-demandeuse-de-raisons s'applique. La réponse à la question « Pourquoi ? » peut ainsi mentionner une intention (« Elle a préparé le goûter, *pour lui faire une surprise.* »); mais elle peut aussi mentionner un événement passé (« Elle a préparé le goûter, *parce qu'il avait apporté un gâteau dimanche dernier* »); elle peut interpréter l'action, en donner le ton (« Elle a préparé le goûter *par générosité* »). L'agent peut même, à la rigueur, reconnaître qu'il a agi sans raison particulière, puisqu'il reconnaît alors que la réponse est *appropriée* même si elle n'a pas de réponse [3].

Il y a donc action intentionnelle dès lors que la question-pourquoi-demandeuse-de-raison est *appropriée*; même si, en pratique, elle ne se pose pas nécessairement. Comme le dit Austin, si « je suis assis sur ma chaise comme à l'ordinaire (…),

---

1. J.L. Austin, « Trois manières de renverser de l'encre », trad. fr. L. Aubert, A.-L. Hacker, *Écrits philosophiques*, Paris, Seuil, 1999, p. 242 (trad. mod.).

2. Voir sur cette question G.E.M. Anscombe, *L'Intention, op. cit.* p. 148; « Under a Description », dans *Metaphysics…, op. cit.*, p. 209-210; et l'article de Ch. Taylor, « Action as Expression », dans C. Diamond, J. Teichman (éd.), *Intention and Intentionality*, New York, Cornell University Press, p. 73-89.

3. G.E.M. Anscombe, *L'Intention, op. cit.*, p. 67.

on ne peut dire que je me suis assis sur cette chaise intentionnellement, ni que je ne m'y suis pas assis intentionnellement »,
car « l'économie naturelle de la langue prescrit que dans
le cas *standard*, (…) nulle expression modifiant [le verbe]
n'est requise, ni même permise »[1]. La question « Pourquoi ? »
ne vise pas à décrire des usages effectifs, mais à mettre au
jour des propriétés logiques ou grammaticales (au sens de
Wittgenstein) de notre langage : elle doit dévoiler des règles
et des implications sémantiques internes aux usages du
langage. L'intentionalité de l'action apparaît ainsi conceptuel-
lement liée à la pratique consistant à demander et à donner des
raisons d'agir.

La mention de l'intention dans laquelle on agit apparaît
alors comme un cas particulier de réponse positive à cette
question « Pourquoi ? ». Ainsi, l'action intentionnelle n'est
pas, contrairement à ce que pourraient donner à penser
certaines analyses, un mouvement accompagné d'une intention. L'approche du problème par le langage aura permis de se
débarrasser (au moins pour un temps) de l'image searlienne
(ou davidsonienne) de l'action comme un composé d'un
événement mental et/ou cérébral et d'un mouvement du corps.
Ce n'est pas la présence d'une intention de faire ce que je fais
qui fait l'intentionalité de mon action, mais c'est la possibilité
de la reconnaître comme pouvant être justifiée par des raisons
d'agir qui témoigne finalement du fait que je *sais* ce que je fais
au moment où j'agis.

Il ne faut toutefois pas voir là une sorte de priorité logique
des raisons d'agir sur l'intention lorsqu'on traite des liens

---

1. J.L. Austin, « Plaidoyer pour les excuses », trad. fr. L. Aubert,
A.-L. Hacker, *Écrits philosophiques*, *op. cit.*, p. 152-153.

conceptuels entre intention et action. En réalité, la notion d'intention est ici tout aussi importante, car elle seule permet de penser le décalage possible, et donc la distinction essentielle pour penser l'intentionalité, entre ce que j'ai l'intention de faire et ce que je fais effectivement. Sur ce point il faut faire intervenir l'idée d'Anscombe [1] selon laquelle une *même* action peut recevoir plusieurs descriptions et selon laquelle, parmi ces descriptions d'une même action, certaines rendent compte d'une action intentionnelle et d'autres pas :

> Comme une unique action peut avoir plusieurs descriptions, par exemple « scier une planche », « scier du chêne », « scier une des planches de Smith », « faire grincer la scie », « dégager beaucoup de sciure », etc., il est important de remarquer qu'un homme peut savoir qu'il fait une chose sous une description, et pas sous une autre [2].

Il est donc possible de faire une distinction entre ce que quelqu'un *fait* et ce qu'il fait *intentionnellement*. Ou, pour le dire autrement, il est possible de *faire* une chose sans le savoir (parce que nous n'en avons pas conscience, parce que nous n'avons pas conscience que c'est *nous* qui le faisons, ou parce que nous ne faisons que le constater) ou involontairement (par réflexe ou lorsque nous sursautons à la vue ou au son de quelque chose). Il se peut que Jones scie une planche en ignorant qu'il scie la planche de Smith, ou qu'il scie une planche en chêne en ne pouvant que constater que, ce faisant, il dégage beaucoup de sciure. De fait, il scie la planche de Smith, il

---

1. Qui a aussi suscité beaucoup d'incompréhensions, *cf.* V. Aucouturier, « La pluralité des descriptions de l'action chez Austin et Anscombe », dans Ch. Al-Saleh, S. Laugier (éd.), *John L. Austin et la philosophie du langage ordinaire*, Hildesheim, Olms, 2011, p. 245-267.

2. G.E.M. Anscombe, *L'Intention, op. cit.*, p. 47-48.

scie une planche en chêne, il dégage beaucoup de sciure, etc. Autrement dit, l'ensemble de ces descriptions, intentionnelles et non intentionnelles, sont vraies de cette même action de Jones, mais c'est seulement *sous certaines de ces descriptions* qu'il connaît son action.

Or, c'est précisément ici qu'intervient la question-pourquoi-demandeuse-de-raisons : pour faire le tri entre les descriptions sous lesquelles une action est intentionnelle et celles sous lesquelles elles ne l'est pas. Poursuivons l'exemple. Si l'on demande à Jones pourquoi il scie la planche de Smith, alors même qu'il ignore que la planche qu'il scie appartient à Smith, Jones sera incapable de fournir les raisons pour lesquelles il scie la planche *de Smith*. Il répondra qu'il ignorait que cette planche appartenait à Smith. En revanche il devrait être en mesure d'expliquer *pourquoi* il scie une planche, d'en donner les raisons (il fabrique un banc ou une étagère, par exemple). Cette capacité à expliquer ou à justifier ses actions par des raisons témoigne d'un certain savoir pratique, c'est-à-dire du fait que lorsque nous agissons nous avons généralement une certaine idée de ce que nous faisons : il y a un certain nombre de descriptions sous lesquelles nous connaissons notre action et la reconnaissons comme nôtre.

Le savoir pratique non-observationnel

C'est dans la spécification de ce savoir pratique qui caractérise l'action intentionnelle que nous retrouvons la notion d'intentionalité. La première spécificité de celui-ci est de ne pas être observationnel :

> Je ne sais pas ce que je suis en train de faire pour l'avoir vu ou par le résultat d'une quelconque façon de conduire des observations : ce n'est que dans des cas rares et perturbants que

je *découvre* ce que j'ai fait ou que j'*en viens à réaliser* ce que je fais ou ce que j'ai fait de cette façon [1].

Austin décrit ici ce que Anscombe appelle la connaissance non-observationnelle de nos actions : nous n'avons pas besoin de nous regarder agir pour savoir ce que nous faisons [2]. Or ce savoir pratique ne doit pas être confondu avec une prétendue connaissance de ses propres intentions ou des mouvements de ses membres [3]. Elle n'est pas une simple connaissance des mouvements de ses membres car elle porte sur une *action*, sur ce que l'agent fait dans le monde, pris sous l'angle d'une description donnée. Cette connaissance déborde donc celle des simples mouvements de son corps; c'est d'ailleurs ce qui fait son intentionalité. Par ailleurs, le savoir pratique n'est pas une simple connaissance des intentions que nous avons en agissant [4], car nos états et attitudes psychologiques ne sont pas des choses que nous *connaissons* à proprement parler mais que nous avons une *capacité à exprimer* [5].

Anscombe emprunte à Wittgenstein [6] l'idée qu'il n'y a d'intérêt à parler de connaissance que là ou un contraste existe entre « Il *sait* » et « il *pense* (seulement) qu'il sait », c'est-à-dire

1. J.L. Austin, « Trois manières... », art. cit., p. 242 (trad. mod.).
2. G.E.M. Anscombe, *L'Intention*, *op. cit.*, p. 48.
3. *Ibid.*, p. 101. R. Moran discute ce point dans « Anscombe on Practical Knowledge », *Agency and Action*, J. Hyman, H. Steward (éd.), Cambridge UP, 2004, p. 43-68; V. Descombes dans « Comment savoir ce que je fais? », *Philosophie*, 76, 2002, p. 15-32.
4. Contrairement à ce que suggère Searle (*L'Intentionalité*, *op. cit.*, chap. 3). Ce qui appuie sa conception de l'intentionalité de l'action en termes d'ajustement du contenu interne d'un état d'esprit au contenu externe d'un état du monde.
5. G.E.M. Anscombe, *L'Intention*, *op. cit.*, p. 96.
6. L. Wittgenstein, *De la certitude*, trad. fr. D. Moyal-Sharrock, Paris, Gallimard, 2006.

là où « il est possible d'avoir raison ou tort »[1]. Suivant cette distinction, ce qu'on peut être tenté d'appeler la « connaissance » de ses propres intentions, est davantage du côté de la capacité à dire et donc de *l'expressivité* que de la connaissance. Ceci pour la simple et bonne raison que l'expression d'une intention est, de ce point de vue, du même ordre que l'expression de la douleur : tant qu'elle est à l'état d'intention, vous êtes plus ou moins seul à déterminer qu'elle est bien votre intention : on pourra mettre en cause votre sincérité, mais on ne pourra pas vous supposer dans l'erreur. En réalité, dit Descombes, la possibilité de l'erreur ne peut intervenir que lorsque « *la conscience de l'intention en train d'être exécutée* n'est pas autre chose que *la connaissance de l'événement en tant qu'exécution de cette intention* »[2]. C'est-à-dire lorsqu'intention et action se confondent dans l'action intentionnelle (l'action envisagée sous une certaine description). C'est seulement alors qu'on peut véritablement parler de *connaissance* : en effet, le savoir pratique porte sur ce que nous *faisons*, même si ce que nous faisons est alors pris dans des descriptions qui révèlent ou se confondent avec nos intentions. Car ces descriptions de ce que nous faisons peuvent être erronées ; elles peuvent être confirmées ou invalidées par ce que nous faisons effectivement. L'action intentionnelle n'est alors pas seulement équivalente à une simple expression verbale de nos intentions (qui, elle, ne peut exprimer une connaissance) ; elle *n'exprime pas* nos intentions, elle en est l'exécution (et en ce sens, bien sûr, elle les manifeste). Dès lors ce ne sont plus nos intentions qui sont en cause dans le savoir pratique, mais nos actions. Il ne s'agit pas de savoir si notre

---

1. G.E.M. Anscombe, *L'Intention*, *op. cit.*, p. 150.
2. V. Descombes dans « Comment savoir ce que je fais ? », art. cit., p. 27.

action est fidèle ou non à nos intentions, mais si nous faisons bien ce que nous pensons faire : le contraste entre *savoir* ce que nous faisons et seulement *penser* que nous le savons réapparaît ; l'erreur est alors possible [1].

Mais la coïncidence entre ce que je fais et ce qui se passe n'est en rien fortuite [2]. « Je *fais* ce qui *se passe*. Si la description de ce qui se passe est cela même dont je dirais que je le fais, il n'y a aucune distinction entre mon action et la chose qui arrive » [3]. Ce n'est pas comme si dans l'action, par un heureux hasard, l'état des choses coïncidait presque toujours avec ce que j'ai l'intention de faire. Pour caractériser cette connaissance sans observation, il n'est donc pas nécessaire d'endosser le dualisme de l'esprit et du monde introduit par Searle lorsqu'il pose une distinction entre savoir ce que je fais et savoir que je réussis. Non pas qu'un tel décalage entre ce que je crois être en train de faire et ce que je fais réellement ne puisse exister, mais ce n'est pas la règle. Searle généralise et rigidifie abusivement cette possibilité ; il en fait un prétexte pour affirmer que l'objet de ma connaissance n'est pas vraiment ce qui se passe, mais plutôt une certaine *image* ou *représentation* de ce qui se passe, un état de choses *visé*, les conditions de satisfaction de mon intention. Mais, en réalité, ce qui est visée

---

1. Sur la question de l'erreur pratique, voir l'article déjà cité de Descombes, ainsi que V. Aucouturier, « L'autorité des agents : en quoi la connaissance pratique est-elle "sans observation" ? », dans R. Clot-Goudard (dir.), *Recherches sur la philosophie et le langage*, Paris, Vrin, à paraître.

2. Voir L. Wittgenstein, *Tractatus*, *op. cit.*, 6.373, 6.374 : « Le monde est indépendant de ma volonté. » « Même si tous nos vœux se réalisaient, ce serait pourtant seulement, pour ainsi dire, une grâce du Destin, car il n'y a aucune indépendance logique entre le vouloir et le monde » – cité in *L'Intention*, *op. cit.*, p. 102.

3. G.E.M. Anscombe, *L'Intention*, *op. cit.*, p. 102.

dans l'action est largement déterminé par *l'action* elle-même, de sorte que l'écart entre intention et action disparaît.

D'ailleurs, c'est, note Austin, la possibilité de l'échec de l'action qui rend possible l'émergence de cet écart normalement inexistant et de la distinction conceptuelle entre ce qu'on a l'intention de faire et ce qu'on fait effectivement[1]. Cette distinction ne saurait donc servir à décrire les cas d'actions réussies ; ceux où précisément intention et action se confondent au point qu'il n'y a plus lieu de les distinguer. L'intentionalité sert ainsi de nom à ce qui se manifeste dans l'action intentionnelle : elle donne à voir l'intention dans l'action, la possibilité de l'échec inhérente à l'action, qui justifie l'écart entre intention et action. Dès lors, l'intentionalité ne dit plus le rapport d'une pure visée à son éventuelle réalisation, elle rend compte de la manifestation de la visée dans l'action elle-même.

Intentionalité et intensionalité

Si l'intentionalité de l'action réside dans l'importance fondamentale de la description de l'action envisagée, l'intentionalité apparaît alors comme ce qui apporte un certain éclairage sur l'objet envisagé (en l'occurrence, l'action) plutôt que comme une pure visée mentale. Elle produit ce qu'Austin appelle un « effet de sélection » :

> Bien que nous disposions de cette notion de mon idée de ce que je suis en train de faire – et il est certain que nous avons en général une idée de ce genre, comme la lampe du mineur qui éclaire toujours ce qui est juste devant nous tandis que nous progressons –, nous ne devons pas supposer qu'il existe des

---

1. J.L. Austin, « Plaidoyer… », art. cit., p. 136-170.

règles précises sur l'étendue et le degré d'éclairage qui en proviennent. La seule règle générale est que l'éclairage est toujours *limité*, et ce de différentes manières[1].

C'est de cet «effet de sélection» dont rend compte l'idée que l'agent envisage son action sous une description, sans pourtant qu'il faille supposer qu'il aurait explicitement une description en tête, mais simplement que c'est cette description qu'il donnerait si on lui demandait ce qu'il est en train de faire. Or, le fait de penser cet «effet de sélection», caractéristique de l'intentionalité de l'action, en termes de description fait écho à la conception de l'intentionalité comme intensionalité.

Cette notion d'intensionalité vient caractériser le fait que la visée, le savoir pratique que l'agent a de ce qu'il fait, ne peuvent être exprimés par une description indifférente de ce qui a lieu, mais seulement par la (ou les) description(s) sous laquelle (ou sous lesquelles) l'agent sait ce qu'il est en train de faire.

> Les visées ont une structure linguistique en ce sens que les objets dont nous nous saisissons dans le monde (et les mouvements que nous effectuons en les saisissant) peuvent être décrits de multiples façons et seule une fraction de ces descriptions aura une pertinence concernant ce qui fait que le résultat a été visé[2].

R. Moran et M. Stone suggèrent ainsi que ce qui compte dans la caractérisation d'une certaine occurrence comme

---

1. J.L. Austin, «Trois manières…», art. cit., p. 243-244 (trad. mod.).
2. R. Moran, M. Stone, «Anscombe on Expression of Intention», dans C. Sandis (éd.), *New Essays in the Philosophy of Action*, New York, Palgrave Macmillan, 2008, p. 159.

action est la *description* sous laquelle on l'envisage. On l'a vu, un agent peut connaître son action sous une ou plusieurs descriptions, mais il peut ignorer certaines descriptions, pourtant vraies, de son action. C'est « l'effet de sélection » de l'intentionalité dont parle Austin et qui détermine la façon dont une action doit être jugée[1]. Ainsi, considérer le point de vue de l'agent sur son action permet de ne pas réduire celle-ci à ce qu'on observe en train de se passer, et lui donne une dimension supplémentaire, liée aux intentions de l'agent et à ce qu'il visait par l'action en question. La considération de ce point de vue permet de choisir, parmi l'ensemble des descriptions possibles de l'action, celle sous laquelle l'agent envisage son action, qui est souvent plus complète, plus globale que ce qu'on peut seulement observer, puisqu'elle y inclut ses objectifs. Mais dans la mesure où il peut être conçu comme une connaissance, ce point de vue de l'agent sur son action n'est pas d'une autorité absolu ; il est un élément parmi d'autres de spécification de l'action.

CONCLUSION : L'INTENTIONALITÉ DÉPSYCHOLOGISÉE

L'intérêt du modèle du savoir pratique est surtout d'offrir une approche dépsychologisée de l'intentionalité. La première raison à cela est que l'objet du savoir pratique, bien qu'il soit envisagé sous une certaine description (ce qui détermine son intentionalité au sens d'une intensionalité), n'est pas immanent. Il n'a pas, comme chez Brentano, d'in-existence intentionnelle, car il ne peut être saisi par une sorte de « perception interne », sur le modèle de la conscience cartésienne. Il nous est en effet à plusieurs reprises apparu problématique de

---

1. J.L. Austin, « Trois manières… », art. cit., p. 244 (trad. mod.).

penser l'intentionalité comme une relation réelle entre deux choses[1], notamment parce que cette idée est tributaire d'un dualisme des substances et d'une théorie de la connaissance de type cartésien. Nous aurions pu préférer à cette approche relationnelle, une approche de type husserlienne, centrée sur le vécu intentionnel, où « l'intentionalité d'un acte est déterminée pas un caractère intrinsèque propre à l'acte, indépendamment de l'objet, de sa réalité effective ou de son in-existence », et qui s'appuie sur une théorie « phénoménologico-sémantique » de l'intentionalité où le contenu de signification donne à l'acte sa direction[2]. Mais, comme l'a montré Benoist, le vécu échoue à déterminer à lui seul une signification ou une direction d'intention. Pour échapper au problème de Brentano, celui de l'ontologie des objets intentionnels, il ne suffit donc pas de rompre avec le dualisme des substances en se plaçant du côté de l'acte intentionnel subjectif ou encore, comme Dennett, du côté des systèmes intentionnels. Une dernière étape est nécessaire, sur la voie de laquelle nous mettent Frege et Wittgenstein ; après avoir solidarisé la visée et son contenu (la visée n'étant pas seulement vide, mais n'étant *rien* sans ce dernier), il faut dépsychologiser le contenu (le sens) de la visée en l'externalisant.

Si l'intentionalité est bien la saisie d'un objet ou d'un contenu, cet objet ou ce contenu doivent avoir une forme de réalité sinon matérielle, du moins sémantique. Il faut alors en appeler à l'impossibilité de désigner quelque chose en privé. Comme l'a montré Wittgenstein[3], ceci n'a pas de sens, car

1. *Cf.* J.-Fr. Courtine, « Histoire et destin… », art. cit., p. 14-36.
2. *Ibid.*, p. 34-35.
3. L. Wittgenstein, *RP*, *op. cit.*, § 243-315 ; J. Bouveresse, *Le mythe de l'intériorité*, Paris, Minuit, 1976.

l'idée d'une représentation, d'une sensation ou d'une signification incommunicable est une chimère. La pensée doit tirer
son contenu d'autre chose qu'elle même, et il n'y a pas de
pensée ou de visée sans contenu. C'est pourquoi si l'on doit
penser l'intentionalité comme visée, on ne peut faire autrement que de penser que l'intentionalité en présence de l'objet
est primitive : un individu qui vivrait dans un monde sans
glaciers ni horloges ne pourrait pas se demander à quelle heure
ferme le glacier ou s'il réussira à arriver chez le glacier avant la
fermeture ; la seule visée ne suffit pas à produire son contenu.
L'intentionalité se manifeste nécessairement dans le rapport à
une extériorité, celle-là même qui caractérise le « contenu » de
la pensée (et donc *la pensée* qu'elle est). Il n'y a donc pas de
pensée sans extériorité et, en un sens, la pensée n'est envisageable que du point de vue de cette extériorité : on ne peut
penser une objectivité de la signification qu'à admettre la
possibilité d'un accord objectif sur la signification, accord
qui ne peut se produire que sur fond d'une réalité partagée,
objective.

Il ne s'agit alors plus de chercher comment l'esprit entre en
rapport à ce qui lui est hétérogène, mais de saisir la « nature »
de l'esprit dans son extériorité. Car l'intentionalité n'est pas
un pouvoir magique de l'esprit qu'il faudrait expliquer ; elle
définit (au moins partiellement) l'esprit, elle fait partie des
traits caractéristiques grâce auxquels nous nous représentons
un esprit et nous *donnons un sens* au mot « esprit » : « notre
concept d'esprit n'existe pas dans le vide : il est le titre général
d'un vaste réseau de concepts dont les gens se servent pour
s'expliquer ou se parler les uns aux autres »[1]. La conséquence
fondamentale en est que ce n'est pas dans les vécus qu'il

1. V. Descombes, *La denrée mentale, op. cit.*, p. 47.

faut chercher l'intentionalité[1], mais dans le *langage*, dans les verbes intentionnels. Nous pouvons tirer cette leçon d'une simple constatation selon laquelle la dimension de directionalité de la plupart des actes psychiques peut être constatée « tout simplement en examinant la structure grammaticale de nos verbes intentionnels : "penser" signifie toujours "penser à quelque chose" ou "penser que quelque chose est le cas", "se souvenir" signifie "se souvenir de quelque chose", etc. »[2]. Or, si l'évidence est telle, pourquoi ne pas chercher dans cette « grammaire » les traits de l'intentionalité, plutôt que dans les esprits[3] qui, finalement, ne sont que le reflet de ces façons de parler et de décrire la pensée ? Les usages du langage sont en effet le seul endroit où l'intentionalité se manifeste, notamment dans les descriptions de nos pratiques. Il faut dès lors abandonner l'idée d'une théorie générale de l'intention(n)alité au profit d'études de cas comme l'action ou la perception – des cas où l'intentionalité se manifeste au sein de nos pratiques langagières, à travers des modes de description de ce qui a lieu. Le mystère de l'in-existence des objets intentionnels se dissout alors simultanément, car ce qu'il faut dès lors saisir ce sont une signification et des conditions de sens pour envisager ce dont on parle lorsqu'on dit que les Grecs vouaient un culte à Zeus, et ne pas se perdre dans une ontologie des chimères.

---

1. *Ibid.* De même que ce n'est pas dans la matière qu'il faut chercher l'esprit, comme une entité mystère. L'analogie entre l'esprit qui « intentionne » et l'estomac qui digère a ses limites, car l'esprit n'est pas un organe. Nous n'attribuons pas un esprit à quelqu'un comme nous lui attribuons un estomac ou même un cerveau (sauf métaphoriquement). *Cf.* G. Ryle, *La notion d'esprit.*

2. D. Perler, *Théories de l'intentionnalité…, op. cit.*, p. 10.

3. Pour approfondir cette idée centrale, lire *Le mythe de l'intériorité* de J. Bouveresse.

Si la référence mentale n'est non seulement pas une condition de la signification, mais si elle est même « une roue qui tourne à vide »[1], puisqu'elle ne saurait déterminer la signification (qui comme l'ont montré Wittgenstein, Descombes, Travis ou Benoist, ne peut se déterminer qu'en contexte), alors c'est au contexte et aux conventions, et non à la saisie subjective, qu'il faut donner ce rôle consistant à spécifier la visée sémantique ou la détermination du sens d'un énoncé ou d'un acte de parole[2]. Le domaine d'étude privilégié de l'intentionalité n'est donc pas celui de ses éventuelles conditions psychologiques ou physiologiques, précisément parce que ce serait la chercher là où elle ne se trouve pas. Dans la mesure où cela a un sens de parler d'intentionalité[3], où celle-ci n'est pas une chimère de philosophe, c'est là où elle se trouve qu'il faut la chercher et l'étudier, dans le langage et les pratiques humaines. Car elle n'est pas l'attribut d'un esprit insaisissable ou d'un cerveau, mais bien celui d'êtres animés, d'agents. L'intentionalité est alors un trait sémantique, saisissable de l'extérieur, dans la grammaire de notre langage (c'est-à-dire dans des usages qui font explicitement ou implicitement appel à la notion d'intention), un trait qui caractérise certaines activités humaines (comme l'action, la perception, etc.).

---

1. L. Wittgenstein, *RP*, *op. cit.*, § 271.
2. *Cf.* B. Ambroise, *Qu'est-ce qu'un acte de parole ?*
3. Pour une analyse de la façon de désamorcer l'usage même de cette notion, lire J.-Ph. Narboux, « L'intentionalité : un parcours fléché », dans S. Laugier, Ch. Chauviré, *Lire les* Recherches philosophiques *de Wittgenstein*, Paris, Vrin, 2006, p. 189-206.

TEXTES ET COMMENTAIRES

TEXTE 1

ELIZABETH ANSCOMBE
L'intentionalité de la sensation*

Trois traits saillants de l'intention sont pertinents pour mon propos. Premièrement, toute description vraie de ce que vous faites n'est pas nécessairement une description de l'action que vous avez alors l'intention de faire : c'est seulement sous certaines descriptions que ce que vous faites est intentionnel. («Est-ce bien votre intention d'utiliser ce stylo?» – «Pourquoi, qu'a-t-il ce stylo?» – «C'est le stylo de Smith.» – «Oh mince! Non.») Deuxièmement, les descriptions sous lesquelles vous avez l'intention de faire ce que vous faites peuvent être vagues, indéterminées. (Vous avez l'intention de poser le livre sur la table, et vous le faites, mais vous n'avez pas l'intention de le poser à un endroit particulier de la table – même si, de fait, vous le posez à un endroit particulier.) Troisièmement, les descriptions sous lesquelles vous avez l'intention de faire ce que vous faites

* G.E.M. Anscombe, « The Intentionality of Sensation », dans R.J. Butler (éd.), *Analytical Philosophy*, second series, Oxford, 1965 ; repris dans G.E.M. Anscombe, *Metaphysics...*, *op. cit.*, p. 4-6, traduit de l'anglais par V. Aucouturier.

peuvent ne pas s'avérer vraies, comme lorsque vous faites un lapsus ou une erreur en écrivant. Vous agissez, mais ce que vous aviez l'intention de faire ne se produit pas.

L'intentionalité, terme apparenté à l'intention, et qui exprime ces caractéristiques du concept d'*intention*, est également liée à beaucoup d'autres concepts. Je soutiendrai que parmi ces concepts figurent ceux de sensation. Comme beaucoup de concepts empreints d'intentionalité, quoique contrairement à celui d'intention, ces derniers sont exprimés par des verbes qui ont un objet direct. Je parlerai de verbes intentionnels, qui ont un objet intentionnel. J'ai mentionné l'histoire du mot « objet » pour prévenir l'impression qu'un « objet intentionnel » serait une « entité intentionnelle ».

« Penser à », « vouer un culte »[1], « viser » sont des exemples évidents de verbes intentionnels. (L'expression « avoir l'intention de »[2] vient, par voie de métaphore, du dernier – « *intendere arcum in* »[3], qui devient « *intendere animum in* »[4].) Lorsque des verbes de ce type ont un objet, des traits semblables à ceux qui caractérisent l'intentionalité de l'action sont attachés à certaines descriptions formant des compléments d'objet après le verbe.

La possible inexistence de l'objet, analogue à l'éventuelle non-occurrence de l'action *visée*, est ce qui a suscité le plus d'attention à l'égard de ces verbes. En ce qui concerne le verbe « penser à » la question de l'inexistence de l'objet tend beaucoup de pièges et est source de nombreuses tentations; « vouer un culte » est moins risqué et peut peut-être nous aider

---

1. En anglais il s'agit du verbe « *to worship* » (Ndt).
2. En anglais il s'agit du verbe « *to intend* » (Ndt).
3. « tendre un arc vers » (Ndt)
4. « être attentif à » ou « tendre l'esprit / l'âme vers » (Ndt)

à garder la tête froide. Considérons l'expression « objet de pensée ». Si je pense à Winston Churchill, il est alors l'objet de ma pensée. De même : « À quel objet ces gens vouent-ils un culte ? » Réponse : « À la lune. » Mais supposez à présent que l'objet de ma pensée soit M. Pickwick, ou une licorne, et que l'objet de mon culte soit Zeus, ou les licornes. Par ces noms propres, je ne désigne aucun homme, ni aucun dieu, puisqu'ils désignent un homme fictif et un faux dieu. De plus, M. Pickwick et Zeus ne sont rien de plus qu'un homme fictif et un faux dieu (contrairement à la lune, qui est certes un faux dieu mais qui est un corps céleste en bonne et due forme). Par ailleurs, il est également certain que « Les grecs vouaient un culte à Zeus » est vrai. Donc « X vouait un culte à — » et « X pensait à — » ne doivent pas être assimilés à « X a mordu — ». Car, si l'on suppose que « X » est une personne réelle, il faut remplacer l'espace vide dans « X a mordu — » par le nom de quelque chose de réel, si l'on veut que la phrase complète ait ne serait-ce qu'une chance d'être vraie. Tandis que dans « X vouait un culte à — » et dans « X pensait à — », ce n'est pas le cas.

Ce fait est facilement obscurci parce que dans « X pensait à — », ce qui, la plupart du temps, vient remplir l'espace vide est le nom ou la description de quelque chose de réel. Car lorsque l'espace vide est rempli de cette façon dans une phrase vraie, c'est à la chose réelle elle-même, et pas à un intermédiaire quelconque, que X pensait. Tout porte ainsi à croire que la réalité de l'objet importe, comme c'est le cas pour la morsure. Il est néanmoins évident que des noms vides peuvent venir compléter ces schémas de phrase. Peut-être désignent-ils alors dans ces schémas quelque chose qui a une *sorte* de réalité. Voilà dans quel état d'esprit embrumé l'on peut se trouver face à cette question.

Une tentative de clarification assez malheureuse peut consister à dire : « Eh bien, *X* se faisait sa propre idée de Zeus, ou des licornes, ou de M. Pickwick, et c'est cela qui vous donne l'objet que vous recherchez. » Cette tentative est malheureuse pour plusieurs raisons. D'abord, elle suggère que c'est à l'*idée* que *X* pensait ou que *X* vouait un culte. Ensuite, le seul fait de l'existence réelle (commence-t-on à opposer cette existence à une existence d'une autre sorte ?) ne peut pas faire une grande différence pour l'analyse d'une phrase comme « *X* pensait à — ». En effet, si l'idée doit être invoquée lorsque l'objet n'existe pas, alors elle devrait l'être également lorsque l'objet existe. Et pourtant, celui qui pense à Winston Churchill pense à Winston Churchill et pas à l'idée de celui-ci ; c'est ce simple fait qui a tout déclenché. En lisant Locke, nous avons envie de protester : « l'esprit ne porte pas sur des idées mais sur des choses – à moins que nous ne soyons effectivement en train de penser à des idées. » Quel que soit le but de l'introduction des idées lorsque nous disons : « Eh bien, ils se faisaient une idée de Zeus », nous ne pouvons pas dire que l'idée est l'objet de la pensée ou du culte. Il ne serait pas correct de dire que *X* vouait un culte à une idée. En revanche, le fait que le sujet ait une idée est nécessaire pour que la proposition ait une chance d'être vraie. Ceci est peut-être utile pour « vouer un culte », mais ne l'est pas pour « penser à » ; « penser à » et « se faire une idée de » sont trop semblables ; si l'un est problématique, l'autre l'est aussi.

Concentrons-nous donc sur le fait que beaucoup de propositions comprenant des verbes intentionnels sont vraies, et ne nous laissons pas hypnotiser par l'inexistence possible de l'objet. On peut y discerner d'autres traits : l'impossibilité de substituer des descriptions différentes de l'objet lorsqu'il existe ; et la possible indétermination de l'objet. En fait, les trois traits en question sont liés : je peux penser à un homme sans penser à un homme d'une taille particulière ; je ne peux pas frapper un homme sans frapper un homme d'une taille particulière, parce qu'il n'existe rien de tel qu'un homme sans taille particulière. Et la possibilité de cette indétermination rend possible le fait que lorsque je pense à un homme en particulier, toutes les descriptions vraies à son sujet ne soient pas nécessairement des descriptions sous lesquelles je pense à lui.

Je définis désormais les verbes intentionnels comme des verbes qui ont un objet intentionnel. Les objets intentionnels sont une sous-classe d'objets directs caractérisés par ces trois traits interconnectés.

COMMENTAIRE
Les objets intentionnels

L'INTENTIONALITÉ DE LA PERCEPTION

L'un des lieux privilégiés de l'usage de la notion d'«intention(n)alité» en philosophie est celui de l'étude de la perception. Si l'on peut trouver les prémisses d'une notion d'intentionalité chez Aristote, nous dit-on, c'est dans sa théorie de la perception [1] : les objets perçus ne se trouvent pas matériellement dans l'âme mais s'y trouvent formellement. Il y a donc un *mode d'être* spécifique (formel) des objets de perception (et de pensée) dans l'âme. Voici qui préfigure le problème brentanien de la détermination de la nature ontologique du mode d'être des objets intentionnels : comment caractériser ontologiquement les objets de perception et de pensée, sachant que leur existence peut être purement mentale (comme lorsque vous hallucinez ou que vous vous représentez l'homme de vos rêves) ?

---

1. *Cf.* Aristote, *DA*, III, 8, 431b29; P. Loraux, «La pierre dans l'âme», dans D. Janicaud (éd.), *L'intentionnalité en question*, *op. cit.*, p. 181-198; A. Stevens, «Le rapport de l'âme au monde selon Aristote», art. cit.

La sensation, même si elle provient de l'extérieur, apparaît d'abord comme quelque chose d'éminemment subjectif, de vécu. Elle nous met en présence d'un objet en tant qu'il est perçu et non pas en lui-même. R. Descartes est l'un des premier à nous inviter à nous méfier de la sensation par le doute méthodique : « j'ai quelquefois éprouvé que ces sens étaient trompeurs, et il est de la prudence de ne se fier jamais entièrement à ceux qui nous ont une fois trompés »[1]. Comment distinguer ce que je perçois réellement de ce que je crois percevoir ? N'est-il pas possible que je sois comme dans un rêve et que le monde qui m'entoure soit une pure production de mon esprit ? C'est l'empiriste anglais, G. Berkeley qui tire les conséquences ultimes de cette idée en faisant de la sensation l'essence même de l'être par son fameux *esse est percipi* (être, c'est être perçu)[2]. En outre, si la phénoménologie, et en particulier la théorie husserlienne des esquisses, s'est positionnée en retrait de la dichotomie entre des objets réels (causes de la sensation, comme chez J. Locke) et des objets perçus, c'est pour reconstruire le monde objectif à partir du seul point de vue possible, celui des apparences. Ainsi, la sensation se présente comme notre seul mode d'accès au monde, l'enjeu étant de savoir si cet accès est direct – si c'est la réalité même qui se présente à nous dans la sensation – ou s'il est indirect – si nous ne percevons que des apparences à travers lesquelles est rendu, ou non, possible notre accès au réel en tant que tel.

Le texte d'Anscombe sur l'intentionalité de la sensation s'inscrit dans cette problématique, qui est au cœur d'un débat anglo-saxon de la première moitié du XXe siècle prenant

---

1. R. Descartes, *Méditations métaphysiques*, I, 268, Paris, Vrin 2000.
2. G. Berkeley, *Principes de la connaissance humaine*, trad. fr. D. Berlioz, Paris, Flammarion, 1993, § 7.

pour cible un certain héritage de l'empirisme classique : la théorie des *sense-data*, dont les principaux représentants sont B. Russell et A.J. Ayer. Russell distingue en effet deux modes de connaissance des choses : par accointance et par description. La connaissance par accointance est une connaissance absolument directe, par contact. La connaissance par description nous met en rapport avec quelque chose ou quelqu'un par le biais d'une description. Je peux, par exemple, désigner Barack Obama par la description (définie) « l'actuel Président des États-Unis ». Nous connaissons un certain objet par description lorsque nous savons qu'un objet correspondant à cette description existe bien, même si nous ne sommes pas actuellement en rapport direct avec lui. En revanche, ce que nous connaissons par accointance est ce dont nous avons directement et immédiatement conscience, entre autres, dans la perception : « en présence de ma table je suis en accointance avec les *sense-data* [données sensorielles] qui constituent son apparence – couleur, forme, dureté, poli, etc. ; autant de choses dont j'ai immédiatement conscience en voyant ou touchant la table »[1]. Comme chez Descartes, nous pouvons alors toujours douter de la présence véritable de la table, mais pas de notre perception de *sense-data*. En revanche, ma connaissance de la table en tant que telle est une connaissance par description : « nous avons une description, nous savons qu'il y a exactement un seul objet auquel la description s'applique, mais l'objet lui-même n'est pas directement connu »[2]. Ainsi, la sensation nous met en contact direct avec des données de sensations (causées notamment par les objets du monde) et c'est à partir de cette

1. B. Russell, *Problèmes de philosophie*, trad. fr. F. Rivenc, Paris, Payot, 1989, p. 69-70 (trad. mod.).
2. *Ibid.*, p. 71.

connaissance directe fondamentale de *sense-data*, que nous construisons nos jugements (de vérité) et notre connaissance du monde. Or le texte d'Anscombe remet en question l'existence de ces pures données sensorielles en mettant en cause la pertinence même du problème du mode d'être des objets intentionnels (de perception).

L'argument central sur lequel repose cette théorie des *sense-data* a été élaboré par Ayer : il s'agit de l'argument dit « de l'illusion »[1]. Il n'est au fond qu'un héritage de l'argument du doute cartésien. Nous pensons spontanément que les choses que nous percevons sont bien réelles. Pourtant, il arrive assez fréquemment que nos sens nous trompent. Parfois ils nous donnent de fausses impressions comme dans les cas d'illusion : celle de Müller-Lyer, par exemple, où deux lignes de longueurs identiques nous apparaissent de longueurs différentes ; ou celle de la réfraction, lorsqu'un bâton droit trempé dans une cuve d'eau nous apparaît tordu. Nous pouvons aussi mentionner les mirages, les hallucinations, etc., autant de cas où les choses ne sont pas *réellement* comme elles nous *apparaissent*, où ce que nous voyons n'est pas la réalité. Pourtant, dans ces moments-là, nous percevons bien *quelque chose* : un *sense-datum*. La clé de l'argument consiste alors à affirmer que les cas de perception trompeuse ne sont pas foncièrement différents des cas de perception véridique. En effet, pour qu'une perception soit trompeuse, il faut, comme le rêve de Descartes, qu'elle puisse se faire passer pour une perception véridique : « il n'y a point d'indices concluants, ni de marques assez certaines par où l'on puisse distinguer

---

1. A.J. Ayer, *The Foundations of Empirical Knowledge*, Londres, Macmillan, 1955, p. 1-57.

nettement la veille d'avec le sommeil »[1]. Il faut donc reconnaître que ce qui est commun à toute perception, c'est d'être perception de *quelque chose*, même si les choses ne sont pas toujours telles qu'elles m'apparaissent. Nous pouvons donc distinguer le niveau des choses telles qu'elles m'apparaissent (les *sense-data*), auquel j'ai un accès immédiat, et le niveau des choses telles qu'elles sont réellement, qui vient confirmer ou infirmer ma sensation. Les *sense-data* sont donc une donnée indubitable, au fondement de toute connaissance – je ne peux douter que je perçois quelque chose –, tandis que l'accès aux choses réelles m'est donné par inférence à partir des apparences; et c'est alors le jugement qui permettra d'identifier les apparences trompeuses.

Cette théorie des *sense-data* a fait l'objet d'une critique radicale par John L. Austin[2]. Celui-ci inverse l'argument de l'illusion, qui repose sur la généralisation du modèle de la perception trompeuse à tous les cas de perception, en défendant une sorte de « réalisme naïf ». Il s'appuie pour cela sur les usages ordinaires de verbes de perception et montre que, dans les cas ordinaires d'usage de ces verbes, il n'y a pas lieu de poser un intermédiaire (qu'il s'agisse d'un *sense-datum* ou d'une représentation) entre l'objet réel et le sujet percevant : dans les cas normaux, les expressions comme « Je vois X devant moi » ont une portée réaliste et ne laissent aucune place au doute (qui surgit dans les cas de perception trompeuse) quant à la présence réelle de l'objet perçu. L'attitude ordinaire consiste à prendre ce que nous percevons pour la réalité. D'autre part, la généralisation du modèle de l'erreur de

---

1. R. Descartes, *Méditations métaphysiques*.
2. J. L. Austin, *Le langage de la perception*, trad. fr. P. Gochet revue par B. Ambroise, Paris, Vrin, 2007.

perception est illégitime car on ne peut la déduire (comme le faisait déjà Descartes) de la simple *possibilité* de l'erreur dans certains cas spéciaux. En effet, si les cas d'illusion, d'hallucination (onirique ou autre) sont « spéciaux », c'est que *quelque chose* les distingue des cas de perception « normale ». Or si une telle distinction est possible, il apparaît illégitime de supposer en général que l'objet perçu n'existe pas, que toute perception réelle serait soumise au doute et ne nous donnerait accès qu'à des entités intermédiaires entre le monde réel et nous-mêmes. La thèse d'Austin est encore plus radicale : en fait, nos sens sont « muets », ils ne nous disent rien, ni ne nous trompent ; percevoir est une activité essentiellement passive et neutre ; ce sont seulement nos jugements qui sont susceptibles d'être erronés ; par exemple, nous pouvons *juger* à tort qu'il y a un lac au loin si nous sommes victimes d'un mirage [1].

Si nous avons jugé nécessaire ce bref détour par Austin, c'est que celui-ci partage avec Anscombe la cible de sa critique. Cependant, cette dernière, s'appuyant également sur le langa-ge, finira par renvoyer dos à dos les théoriciens des *sense-data* et le réalisme naïf d'Austin, pour défendre une forme bien particulière, « grammaticale », d'intentionalisme de la perception. C'est en effet à un trait de « grammaire », propre aux règles des usages ordinaires de notre langage, qu'elle rapporte l'intentionalité de la sensation.

LES OBJETS INTENTIONNELS

Dans le début de l'article, qui précède le présent extrait, Anscombe distingue deux sens du mot « objet », un sens

---

1. Pour un développement contemporain de cette critique, voir Ch. Travis, *Le silence…* et J. Benoist, *Sens et sensibilité*, Paris, Le Cerf, 2010.

« ancien » et un sens contemporain. Au sens ancien, un objet est toujours objet *de* pensée, *de* désir, etc. ; il est donc toujours envisagé dans une relation à un certain sujet (pensant, désirant, etc.). C'est en ce sens du mot « objet » que Anscombe va parler d'« objet intentionnel ». Au sens contemporain, le mot « objet » désigne des choses, des entités, comme dans l'expression « l'objet qui a été trouvé dans les poches de l'accusé »[1]. D'emblée, l'auteure dénonce une confusion entre ces deux sens d'« objet » : celui qui s'interroge sur la possible inexistence des objets intentionnels (de désir, de pensée, etc.) opère un glissement illégitime d'un usage à l'autre, comme s'il était possible de penser les objets intentionnels en termes d'*existence* réelle, au même titre que les objets-entités. C'est l'idée développée dans l'extrait ci-dessus, pour mettre en évidence la spécificité des objets intentionnels. L'enjeu plus général de l'article est de montrer que l'erreur des théoriciens des *sense-data*, qui consiste à réifier les objets intentionnels pour leur accorder le statut de *véritables* objets de perception, tient à une spécificité des verbes de perceptions : leur caractère intentionnel. Ainsi, Austin aurait tort de faire reposer sa critique sur l'idée que les verbes de perception ne sont *normalement* pas intentionnels, ou seulement dans des cas *spéciaux*. L'erreur des théoriciens des *sense-data* n'est pas là. Elle réside dans le fait qu'ils ont opéré un glissement fallacieux de la notion d'objet intentionnel à celle d'objet réel.

Les objets intentionnels ont-ils donc un statut ontologique spécifique ? Telle est la question que pose ce texte et à laquelle Anscombe va répondre en montrant qu'il convient de déplacer les questions d'ontologie vers des questions de philosophie du langage. Dans un rapprochement avec la notion d'intention,

---

1. G.E.M. Anscombe, « *The Intentionality of Sensation* », art. cit., p. 3.

telle qu'elle est employée en rapport avec la notion d'action[1], Anscombe commence par définir «l'intentionalité». Elle caractérise ensuite plus spécifiquement, aux troisième et quatrième paragraphes, les verbes intentionnels, en montrant notamment que la vérité des énoncés qui emploient un verbe intentionnel, contrairement à d'autres types d'énoncés, ne dépend pas nécessairement de l'existence de l'objet du verbe : ainsi, il est possible de «penser à X», sans que X n'existe, mais il n'est pas possible de «mordre Y» si Y n'existe pas. Elle insiste alors sur la confusion à laquelle peut conduire l'oubli de cette distinction, lié notamment à la similitude syntaxique entre les deux types d'énoncés. On pourrait être tenté, dit-elle au paragraphe cinq, d'affirmer que les verbes intentionnels portent sur des *idées* des objets et non des objets réels. Mais cette solution est mauvaise, d'une part, parce que penser à quelqu'un ou quelque chose (ou désirer quelqu'un ou quelque chose), ce n'est pas penser à (ou désirer) une idée de cette personne ou de cette chose; c'est bien la personne ou la chose en question qui sont objets de pensée (ou de désir). D'autre part, cette solution ne fait que reculer le problème de l'existence de l'objet, qui vient se poser à nouveau à propos de l'objet dont on se fait une idée. Anscombe finit pas suggérer que nous abandonnions le problème de l'existence des objets intentionnels, pour nous pencher vers d'autres traits des objets intentionnels, que la philosophie du langage permet notamment de mettre au jour : l'opacité des descriptions intentionnelle ou leur inten*s*ionalité, et l'indétermination des objets intentionnels[2].

1. Cf. *supra*, p. 56 *sq.*, ainsi que G.E.M. Anscombe, *L'Intention*.
2. Cf. *supra*, p. 52 *sq.*

INTENTION ET INTENTIONALITÉ

La notion d'intentionalité entretient des rapports étroits avec celle d'intention. D'ailleurs, « avoir l'intention de » vient de la visée : *intendere arcum in*, « tendre un arc vers ». Cette visée littérale de la flèche devient, en effet, par « voie de métaphore », visée ou tension de l'esprit ou de l'âme vers un objet ou un but, *intendere animum in*. Or, *L'Intention* [1] a montré que c'est principalement dans le domaine de l'action qu'est employée la notion d'« intention ». D'une part, parce que les intentions des gens sont généralement rendues manifestes par leurs actions, et d'autre part, parce que la notion d'intention révèle la sensibilité de l'action à l'échec ou l'erreur pratique, c'est-à-dire à la possibilité d'un décalage entre ce qu'on a l'intention de faire et ce qu'on fait effectivement (même si ce décalage n'est pas la règle mais plutôt l'exception). L'intention apparaît ainsi à la fois comme ce qui colle à l'action et ce qui peut se trouver en porte-à-faux vis-à-vis de l'action [2].

Ces deux dimensions des rapports entre intention et action sont rendues manifestes par l'analyse des intentions des agents en termes de descriptions de leurs actions. Ainsi, Anscombe rappelle qu'une même action peut recevoir plusieurs descriptions et que, parmi ces descriptions de la même action, seules certaines seront des descriptions sous lesquelles l'agent luimême envisage son action [3]. Par exemple, à l'occasion d'une conférence, vous prenez consciencieusement des notes sur l'exposé qui vous est présenté. Votre voisin, qui s'était absenté quelques instants, revient s'asseoir à côté de vous et remarque

1. G.E.M. Anscombe, *L'Intention*.
2. Cf. *supra*, p. 66-70.
3. *L'Intention*, *op. cit.*, p. 47-48.

que c'est son stylo que vous avez à la main. Il vous le signale aussitôt et vous vous excusez platement. Ici, un certain nombre de descriptions rend compte de ce que vous étiez en train de faire lorsque votre voisin est revenu. Parmi ces descriptions, il y a celle selon laquelle «Vous preniez consciencieusement des notes», celle selon laquelle «vous écriviez à la main avec un stylo»; ces deux descriptions sont des descriptions sous lesquelles votre action est intentionnelle et vous seriez certainement prêt à le reconnaître si l'on vous interrogeait à son propos. En revanche, nous pouvons supposer que sous la description selon laquelle «vous preniez consciencieusement des notes avec le stylo *de Smith*, votre voisin», votre action n'est pas intentionnelle, car vous n'aviez pas l'intention d'utiliser le stylo de votre voisin. Cette description de ce que vous étiez en train de faire est pourtant bien une description *vraie* de votre action. Ainsi, «c'est seulement sous certaines descriptions que ce que vous faites est intentionnel», bien qu'il puisse y avoir un certain nombre de descriptions correspondant à ce que vous faites, mais ne décrivant pas une intention de votre part[1].

Nous retrouvons ici le problème de l'opacité sémantique ou du caractère intensionnel des contextes intentionnels : la description sous laquelle l'objet en question (ici l'action) est considéré joue un rôle important dans la détermination de ce qui se passe d'un point de vue intentionnel. Dans la perception, l'exemple du canard-lapin (quoi que ce soit un cas particulier) peut fournir une analogie : ce qui nous intéresse est de savoir si vous voyez «un lapin» ou «un canard» et c'est alors la *description* qui détermine ce que vous voyez (comme dans l'action, la description rend compte de ce que vous faites

---

1. Cf. *supra*, p. 65-66.

intentionnellement); comme lorsqu'on s'amuse à *voir* des figures de choses connues dans les nuages ou comme dans le test psychologique projectif du Rorschach où un individu se voit présenter des planches sur lesquelles figurent des tâches symétriques colorées et doit décrire « ce qu'il y voit », quels objets, animaux, etc.

Le deuxième trait caractéristique de la notion d'intention est qu'en tant qu'activité de visée, elle est sous-déterminée par rapport à l'action qui la réalise : « Vous avez l'intention de poser le livre sur la table, et vous le faites, mais vous n'avez pas l'intention de le poser à un endroit particulier de la table – même si, de fait, vous le posez à un endroit particulier. » ; ou encore, « Je peux penser à un homme sans penser à un homme d'une taille particulière ». Dans l'action, c'est finalement l'acte qui viendra déterminer la visée : Anscombe a ainsi su repérer la visée ou l'intention dans l'acte même, sans chercher à isoler celle-ci de son objet. Cette remarque prend une importance toute particulière pour l'analyse des objets intentionnels, puisqu'elle invite à les envisager, non pas comme déterminant pleinement leur adéquation à la réalité, mais comme, au contraire, déterminés par le réel contingent. Ainsi, dans l'action, ce n'est pas mon intention qui détermine ce que je fais, mais c'est ce que je *fais* intentionnellement qui spécifie mon intention. De manière analogue (et peut-être encore plus flagrante), dans la perception, c'est l'objet réel qui vient déterminer ce que je vise : si je vois un buisson en forme de canard, ce n'est pas seulement la manière dont je le vise, pour ainsi dire « grâce au concept de "canard" à travers lequel je le vise », qui me le permet, mais c'est la manière particulière dont il est effectivement taillé.

Le troisième trait de l'intention envisagé est celui du décalage entre intention et action, c'est-à-dire de l'erreur pratique, comme le lapsus. Vous avez l'intention de dire quelque chose, mais vous vous trompez de mot. Alors c'est votre savoir pratique qui est mis à mal, votre autorité à déterminer ce que vous faites, comme dans le cas où, au volant, vous diriez « Je tourne à droite », tout en tournant à gauche. Un tiers pourrait alors vous indiquer que vous ne faites pas ce que vous avez l'intention de faire, que vous vous trompez d'action. L'erreur pratique est parallèle (à certaines nuances prêt) à l'illusion d'optique ou à l'hallucination, c'est-à-dire aux cas où vous seriez prêt à dire que vous *voyez* un bâton rompu, que vous *voyez* la ligne du haut plus courte que celle du bas, ou encore que vous *voyez* un lac à l'horizon (alors que ce n'est qu'un mirage). Autant de déclarations qui pourront être amendées ou corrigées par un jugement éclairé sur l'état réel des choses[1].

L'intentionalité « exprime ces caractéristiques du concept d'intention » : l'opacité sémantique, l'indétermination et la possible inadéquation entre la visée et son objet[2]. Ce sont donc ces caractéristiques qu'il faudra pouvoir attribuer aux « concepts de sensation » afin d'affirmer qu'ils sont, comme les concepts d'action, intentionnels. Pour cela, Anscombe ne s'engage pas dans une analyse phénoménologique de la perception, mais dans une analyse grammaticale – au sens quasiment propre du terme – des rapports entre les verbes intentionnels et leur objet intentionnel. L'objet d'un verbe intentionnel est forcément intentionnel et un verbe dont l'objet

---

1. Même si le point d'Anscombe consistera à affirmer que ce n'est pas le fait que vous *voyez* un bâton rompu, etc., qui sera corrigé, mais le jugement qu'*il y a* un bâton rompu : ce que vous *voyez* n'est pas remis en question, ce sont les conséquences ou les jugements que vous pouvez en tirer qui le sont.

2. Cf. *supra*, p. 16-20.

est intentionnel est de ce fait un verbe intentionnel. L'enjeu est d'analyser ces rapports en évitant la tentation de penser les objets intentionnels comme des choses ou des « entités intentionnelles ».

La possible inexistence des objets intentionnels

À partir d'exemples de verbes intentionnels – « penser à », « vouer un culte », « viser » – Anscombe expose le faux problème de la possible inexistence des objets intentionnels. D'abord, ce qui caractérise l'intentionalité de ces verbes est le fait que « des traits semblables à ceux qui caractérisent l'intentionalité de l'action sont attachés aux descriptions formant des compléments d'objet après le verbe ». Autrement dit, l'objet qui vient après le verbe (en tant qu'objet intentionnel), par exemple dans « Je pense à Winston Churchill », est caractérisé par les trois traits que sont l'opacité sémantique (je peux penser à Winston Churchill sans penser à lui sous la description « l'homme qui a reçu le prix Nobel de littérature en 1953 »), l'indétermination (les caractéristiques de l'objet de ma pensée ne sont pas aussi déterminées que celles de l'homme lui-même) et la possible inadéquation (je peux penser à Winston Churchill en confondant le Premier Ministre anglais de la seconde guerre mondiale avec son petit fils du même nom). D'autre part, comme dans les cas de perception trompeuse ou les cas de « non-occurrence de l'action intentionnelle », il se peut que l'objet auquel je pense n'existe tout simplement pas : si, par exemple, je pense à Zeus ou à une licorne, alors l'objet de ma pensée n'existe pas au sens où il n'y a pas de chose réelle, d'entité matérielle ou de personne correspondant à l'objet de ma pensée, contrairement au cas où je pense à Winston Churchill. Le problème est analogue à celui des *sense-data* évoqué plus haut. Les objets intentionnels ont cette spécificité qu'ils semblent pouvoir « exister » sans qu'aucune entité réelle ou matérielle ne leur corresponde. Ainsi, de même que je peux voir un éléphant rose sans qu'un tel individu soit réellement présent devant moi, je peux penser à une licorne ou à Shrek sans qu'aucun individu réel ne corresponde à l'objet de ma pensée.

La théorie des *sense-data* s'appuyait sur cette caractéristique des objets intentionnels pour affirmer que, dans la perception, il y a toujours quelque chose qui est objet de perception (d'intention, de pensée, etc.), que cette chose ait ou non un corrélat réel. De même, si l'intentionalité se caractérise par le fait que je peux viser un objet sous une certaine description, il n'est pourtant pas nécessaire qu'il y ait un objet *réel* que je vise sous cette description, puisque l'objet visé (intentionnel) est distinct de l'objet réel. Le cas du décalage entre la visée et son objet (entre l'intention et l'action, entre l'objet intentionnel et l'objet réel, etc.) sert alors de paradigme pour penser l'intentionalité. C'est ce même paradigme du décalage qui est à l'œuvre dans les théories des *sense-data* où toute perception devient avant tout perception de *sense-data* et seulement par inférence (dans les cas de perception véridique) perception du monde réel. Tout se passe comme si le cas paradigmatique était celui de la non-coïncidence entre l'intention et l'action ou entre la visée et son objet.

Or, c'est seulement si l'on envisage les choses en ces termes que le problème du statut ontologique des objets intentionnels se pose : s'il est possible de penser à quelque chose, d'avoir l'intention de faire quelque chose, de voir quelque chose, etc., qui n'existe pas réellement, *qu'est-ce* exactement qui est l'objet de cette pensée, de cette intention, de cette vision, etc.? Le problème de Brentano ressurgit : comment caractériser cette existence purement mentale ?

L'intentionalité nous met en présence de deux cas de figure déjà esquissés. Dans le premier, l'objet visé est bien un objet réel, envisagé sous une certaine description. Si des gens vouent un culte à la lune, l'objet de leur culte est bien un objet réel, même si l'on peut contester qu'il soit un dieu[1]. Dans le second cas de figure, l'objet visé est fictif et il est envisagé sous une certaine description : par exemple, « les grecs vouaient un culte à Zeus ».

Une première erreur consiste à assimiler ces deux cas de figure – ce que font, entre autres, les théoriciens des *sense-data*. Cette erreur provient de ce que la vérité des énoncés intentionnels semble indifférente à l'existence réelle de l'objet : « si l'on suppose que "*X*" est une personne réelle, il faut remplacer l'espace vide dans "*X* a mordu —" par le nom de quelque chose de réel, si l'on veut que la phrase complète ait ne serait-ce qu'une chance d'être vraie. Tandis que dans "*X* vouait un culte à —" et dans "*X* pensait à —" ce n'est pas le cas. » Pour qu'il soit vrai que vous pensez à Zeus ou à la lune, il est indifférent que Zeus et la lune existent réellement. Tout se passe comme si l'existence réelle des objets intentionnels était sans importance.

Pourtant, et le point est important, lorsque vous pensez à quelque chose de réel (à Winston Churchill ou à la lune), « c'est à la chose réelle elle-même, et non pas à un intermédiaire quelconque » que vous pensez. Il s'agit d'une position

---

1. On peut cependant imaginer des contextes où il est tout aussi indiscutable que la lune est un dieu et qu'elle est un corps céleste. Mais l'objet de l'exemple est indifférent à cette objection, puisqu'il s'agit de distinguer l'objet lui-même de la manière dont (la description sous laquelle) il est visé.

de type austinien : « la plupart du temps » la pensée, la perception porte sur quelque chose de bien réel. Dans ces cas-là, il est
malencontreux d'introduire des « intermédiaires », ou des
sense-data. L'objet de la pensée ou de la vision est bien *l'objet
réel* (Winston Chruchill, la lune, etc.). Si c'est le cas et si la
perception est néanmoins intentionnelle, il faut montrer que
l'intentionalité ne réside pas dans l'introduction d'entités
intermédiaires ou dans la généralisation du cas des objets
fictifs à tous les autres. Même s'il faut déterminer en quoi
réside leur intentionalité, les cas où l'objet visé est un objet réel
ne devraient pas poser de problème ontologique particulier.

Reste le problème des cas, comme « Je pense à Zeus »,
où l'objet est purement intentionnel en ce sens qu'il n'a pas
de corrélat réel ou matériel. Car, le fait que, dans les cas les
plus fréquents, l'objet existe, incite à penser que lorsque ce
n'est pas le cas il doit tout de même y avoir *quelque chose*,
« une *sorte* de réalité » que le « nom vide » de l'objet intentionnel désigne. Le problème de la possible inexistence des objets
intentionnels ne cesse donc pas de ressurgir, tant que notre
esprit reste « embrumé » par le modèle de l'objet comme
entité.

LES OBJETS INTENTIONNELS NE SONT PAS DES IDÉES

Ainsi Anscombe va-t-elle passer en revue les manières
possibles d'envisager l'existence de ces objets purement
intentionnels. L'une d'entre-elles, qu'on pourrait dire
lockienne, consiste à supposer que les objets intentionnels
sont des idées (nous dirions peut-être aujourd'hui des

représentations[1]), que leur existence est mentale. Mais ceci « suggère que c'est à l'*idée* que X pensait ou que X vouait un culte », or « l'esprit ne porte pas sur des idées mais sur des choses – à moins que nous ne soyons effectivement en train de penser à des idées ». Si quelque chose doit tenir lieu d'objet intentionnel, cela ne peut pas être *l'idée* de Zeus ou de la licorne, car ce n'est pas à des idées que nous pensons lorsque nous pensons à Zeus ou à une licorne. De même, ce n'est pas une idée ou un *sense-datum* d'éléphant rose que nous percevons lorsque nous hallucinons, c'est bien un éléphant rose. Ceci est aussi valable, naturellement, pour les cas où l'objet est bien réel : « celui qui pense à Winston Churchill pense à Winston Churchill et pas à l'idée de celui-ci ». Au fond, penser les objets intentionnels comme des idées nous fait retomber dans l'erreur cartésienne qui consiste à mettre sur le même plan toutes les *cogitationes* : pensées, sensations, perceptions, etc. seraient avant tout des choses mentales. Cette erreur cartésienne est à l'origine de l'erreur empiriste qui consiste à réifier de la même façon les idées et les données sensorielles.

Il est cependant juste de dire que si X voue un culte à Zeus ou s'il pense à Zeus, alors il se fait sa propre idée de Zeus. Il faut qu'il ait une idée de Zeus « pour que la proposition ait une chance d'être vraie ». Le point est crucial car il renvoie à l'importance de la description sous laquelle l'objet est envisagé, qui est un trait fondamental de l'intentionalité.

---

1. La thèse dite « représentationaliste » est très répandue dans la philosophie analytique de l'esprit contemporaine ; J. Fodor en est sans doute l'un des représentants majeurs. Pour une critique de cette position, lire Ch. Travis, *Unshadowed Thought*, Harvard UP, 2001 ; J. Benoist, *Concepts* ; Ch. Al-Saleh, B. Ambroise, « Expérience et représentation », dans L. Perreau (dir.), *L'expérience*, Paris, Vrin, 2010.

En effet, qu'est-ce que « se faire une idée », si ce n'est se représenter, d'une manière que l'on pourrait décrire à la demande,
l'objet en question (en l'occurrence Zeus) ? Mais encore une
fois, ce n'est pas l'idée ou même la description que *X* a alors à
l'esprit, mais bien Zeus. Par ailleurs, si penser à Zeus ou lui
vouer un culte, c'est en réalité penser ou vouer un culte à l'idée
de Zeus, quel est l'objet de cette idée de Zeus ? Il y a une
régression à l'infini du problème de l'inexistence.

OBJETS MATÉRIELS ET OBJETS INTENTIONNELS

À terme, Anscombe va montrer, par un argument
similaire, que les questions d'ontologie à propos des objets
intentionnels n'ont pas de sens. Pour le reprendre brièvement,
l'argument montre, par l'analyse de l'énoncé non-intentionnel
« Jean a envoyé un livre à Marie », que si « un livre » est l'objet
direct du verbe « envoyer », Jean n'a cependant pas envoyé un
objet direct à Marie. D'autre part, l'objet direct n'est ni
l'élément de langage auquel il correspond (à savoir « un
livre »), ni le livre au sens de la chose à quoi correspond cet
objet direct et au sens où nous pourrions demander « Quel
livre ? ». Comprendre ce qu'est un objet direct, c'est
comprendre le sens de la question « Qu'est-ce que Jean a
envoyé à Marie ? » dans un contexte grammatical où l'on
cherche à identifier l'objet direct de la phrase « Jean a envoyé
un livre à Marie ». Cela n'a alors pas de sens de s'interroger sur
la nature ontologique ou même sur l'existence de cet objet
direct – donc de se demander si un objet direct est plutôt un
élément de langage (comme les mots « un livre ») ou ce à quoi
correspond l'élément de langage (le livre lui-même).

Le même type de raisonnement vaut pour les énoncés
intentionnels, car on peut faire un parallèle entre « L'objet

direct est ce que Jean a envoyé » (par exemple, un livre) et
« L'objet intentionnel est ce à quoi X pensait » (par exemple,
Zeus). D'autant que « les objets intentionnels sont une sous-
classe d'objets directs ». Nous n'avons pas plus de raisons de
vouloir faire une ontologie des objets intentionnels que nous
n'en avons de faire une ontologie des objets directs, car les
objets intentionnels le sont en vertu de certains usages du
langage qui mettent l'accent sur la description sous laquelle un
certain objet est envisagé, ou sur le point de vue depuis lequel
il est envisagé. Il n'y a ainsi pas plus de raisons de penser que
les objets directs sont des types d'entité spéciaux que de penser
que les objets intentionnels en sont.

L'intentionalité ne réside donc pas dans la nature
(mentale) de l'objet considéré, mais dans le mode de description à partir duquel il est envisagé : « un objet intentionnel est
donné par un mot ou une expression qui fournit une *description sous laquelle* »[1]. C'est autour de cette question de la
description que la notion d'intentionalité se noue avec les
trois traits qui la caractérisent. C'est l'objet des derniers paragraphes du texte ci-dessus. L'indétermination est liée à l'opacité de la description, et celles-ci rendent possible le décalage
entre l'objet intentionnel et l'objet réel (lorsqu'il y en a un).

Plus loin dans l'article, Anscombe prend un exemple qui
illustre bien ce point. Reprenant l'image classique de la flèche,
elle imagine un homme visant (ou plutôt croyant viser) avec
son arc un cerf dans les bois, et dont la flèche atteint en réalité
son père (qu'il avait pris pour un cerf). Ici, comme dans le
mythe d'Oedipe, l'homme n'a pas intentionnellement tué *son
père*. L'objet de sa visée n'était pas son père mais « une ombre
dans la forêt ». Donc, si son action est intentionnelle sous la

---

1. G.E.M. Anscombe, « The Intentionality of Sensation », art. cit., p. 9.

description « Il a tiré sur une ombre dans la forêt », elle ne l'est pas sous la description « il a tiré sur son père ». Il est possible (et même souhaitable, pour juger correctement la situation) de distinguer ce qui s'est effectivement passé (il a tué son père) de l'action envisagée par l'agent lui-même (il a tiré sur une ombre dans la forêt), ou encore de distinguer l'objet matériel de la visée (le père) de l'objet intentionnel (l'ombre dans la forêt). Ici, ce qui donne l'objet intentionnel, c'est une certaine description sous laquelle l'agent envisage son action. Et ce sont les caractéristiques de cette description qui rendent possible la distinction : c'est parce qu'on ne peut pas « substituer des descriptions différentes de l'objet » qu'on ne peut pas dire que l'homme a tué son père intentionnellement. Cette opacité de la description est liée à son indétermination : l'homme vise une ombre qui n'a pas toutes les caractéristiques spécifiques de la cible réellement atteinte (le père). C'est pourquoi le décalage entre ce qui se passe matériellement[1] et ce qui se passe intentionnellement est rendu possible : il ne vise pas cet objet sous « toutes les descriptions vraies à son sujet » (et notamment pas celle sous laquelle il est un homme et même son propre père).

L'intentionalité ne réside donc pas dans l'identification d'un quelconque objet (au sens d'entité) intermédiaire entre le sujet ou l'agent et l'objet visé (perçu, de pensée, de désir, etc.). Elle réside dans des caractéristiques propres à des modes de description de ce qui se passe. Ainsi l'inexistence possible de l'objet intentionnel est-elle un faux problème, car il suffit alors

---

1. Un objet matériel n'est pas un objet au sens contemporain du terme, c'est-à-dire une entité. Cela peut être une dette contractée, un mariage, un fait, etc. La notion est plus aristotélicienne que cartésienne. Elle renvoie à la distinction possible entre ce qui se passe réellement (objectivement) et se qui se passe sous une description sous laquelle ceci est intentionnel.

de concevoir les objets concernés comme des objets purement intentionnels. Non pas qu'ils seraient de ce fait purement subjectifs, car ils appartiennent à un cadre de pratiques et d'usages du langage partagés[1]; mais ils ne sont saisissables qu'à travers leurs descriptions et à travers les éventuelles pratiques qui les entourent (comme le culte, par exemple). Ainsi, les dévots peuvent, d'un point de vue matériel, vouer un culte à rien du tout, à quelque chose qui n'existe pas. Ce n'est pas qu'«ils vouent un culte à rien», mais que «ce à quoi ils vouent un culte n'est rien»[2].

En guise de conclusion, il faut souligner comment cette vision de l'intentionalité permet à Anscombe de défendre la thèse de l'intentionalité de la sensation. En effet, dire que les verbes de sensation sont intentionnels ne conduit pas à postuler des entités intermédiaires (représentations, idées ou *sense-data*), mais simplement à affirmer que les énoncés comprenant des verbes de sensation – du type «X a vu un cerf dans la forêt» – sont généralement intentionnels : ils portent sur des objets intentionnels, c'est-à-dire qu'ils fournissent des descriptions sous lesquelles ce qui est senti est envisagé d'une certaine façon, descriptions qui ont elles-mêmes les caractéristiques d'indétermination et d'opacité qui rendent l'erreur possible (sans qu'elle ne soit la règle).

1. Cf. *supra*, p. 73 *sq.*
2. G.E.M. Anscombe, « The Intentionality of Sensation », art. cit., p. 10.

TEXTE 2

ARISTOTE
Sur les Mouvements des Animaux, chapitres 6-7, 700b-701a*

[Questions]

6. À propos de l'âme, il a déjà été dit dans les livres qui lui sont consacrés si elle se meut ou non, et si elle se meut, de quelle façon. Il a aussi été expliqué dans les livres de philosophie première que tous les êtres inanimés étaient mus par un autre être, de quelle manière se meut le mobile premier et éternel, et comment le premier moteur meut [les autres êtres]. Il reste donc à savoir comment l'âme meut le corps, et quel est le principe du mouvement pour le vivant.

[Terme du mouvement]

En plus du mouvement de l'univers, les êtres animés sont en effet la cause du mouvement pour les autres êtres, pour autant que ces derniers ne se meuvent pas les uns les autres en s'entrechoquant. Ainsi tous les mouvements des êtres inanimés ont un terme, car les mouvements des êtres animés en

* *Aristotelis Opera*, texte édité par Immanuel Bekker, Berlin, 1831, p. 700-701. Traduit du grec par Jean Derrida.

ont un : tous les vivants se meuvent, ils se meuvent dans un but et ce but est pour eux le terme de la totalité de leur mouvement.

[Facultés et motifs du mouvement]

Nous voyons d'autre part que ce qui meut le vivant est le raisonnement, l'imagination, le choix, la volonté et l'appétit. Tout cela se rapporte à l'intelligence et au désir; et l'imagination, ainsi que la sensation, occupent le même espace pour l'intelligence. Ces facultés sont des facultés de jugement, et elles se distinguent selon les différences dont on a parlé ailleurs. La volonté, la pulsion et l'appétit sont des désirs et le choix participe à la fois de la raison et du désir. Ainsi, ce qui meut à titre premier est à la fois objet de désir et de raisonnement; mais ce n'est pas tout objet de raisonnement : c'est la fin de ce que l'on peut faire. Ce qui meut fait donc partie des choses bonnes, mais n'est pas toute chose bonne : il meut en tant que but pour un autre et en tant que fin des êtres qui existent en vue d'autre chose. Il faut donc affirmer que le bien apparent aussi [fait partie de ce qui meut] : il prend la place du bien, comme l'agréable qui est en effet un bien apparent.

[Ordre des mouvements]

Il est ainsi clair que chaque vivant se meut de façon semblable à ce qui est perpétuellement mu par le moteur éternel, mais aussi de façon différente, car l'un se meut éternellement, alors que le mouvement des vivants a un terme. Et ce qui est éternel est meilleur; le bien vrai et premier n'est pas tantôt bon, tantôt non, et il est trop divin et honorable pour se rapporter à autre chose : le premier [moteur] meut donc en demeurant immobile, tandis que le désir et la faculté désirante meuvent en étant mus. Et les dernières des choses mues, par nécessité, ne meuvent rien. Il apparaît donc que le déplacement est le dernier des mouvements à se produire : le vivant se meut et se déplace par désir et par choix, une altération s'étant produite dans la sensation et l'imagination.

[Le principe du mouvement est un syllogisme dont la conclusion est une action]

7. Comment, en pensant, peut-on parfois agir, parfois ne pas agir, parfois se mouvoir et parfois ne pas se mouvoir ? Cela ressemble beaucoup aux raisonnements et aux syllogismes relatifs aux êtres immuables. Mais c'est là un objet théorique qui est le but (lorsque l'on pense les deux prémisses, on pense et on pose la conclusion), tandis que l'action est ici la conclusion tirée des deux propositions : on marche aussitôt si l'on pense que tout humain peut marcher et que l'on est un humain. Si l'on pense qu'aucun humain ne doit maintenant marcher, et que l'on est un humain, on se tient coi. On agit donc dans ces deux cas, si l'on n'est pas empêché ou forcé. « Il faut faire quelque chose de bien, et une maison est quelque chose de bien » : on fait immédiatement la maison. « J'ai besoin d'un vêtement pour me couvrir, et un manteau est un vêtement pour se couvrir. J'ai donc besoin d'un manteau. Ce dont j'ai besoin, il faut le faire, et comme j'ai besoin d'un manteau, il faut faire un manteau. » La conclusion qu'il faut faire un manteau est une action, et on agit selon le principe [énoncé dans les prémisses]. Pour que le manteau soit fait, il est nécessaire que la première proposition soit posée ; si la première est posée, la seconde l'est aussi, et l'action en découle directement. Il est clair que l'action est la conclusion, et les propositions sont productrices d'action selon deux formes : celle du bon et celle du possible. Et le raisonnement, comme pour certains arguments, ne s'arrête pas à la seconde proposition si elle est évidente. Le fait de marcher est par exemple bon pour

l'humain, et celui qui raisonne ne va pas au delà, car il est un humain.

[Le désir]

Nous agissons ainsi immédiatement lorsque nous agissons sans raisonner. Lorsque l'on agit dans un but en étant mus par la sensation, ou par un désir de l'imagination ou de l'intelligence, on agit en effet immédiatement : l'acte qui naît du désir vient à la place du raisonnement ou de la pensée. « Il me faut boire », dit l'appétit. « Ceci est buvable » dit la sensation, l'imagination ou l'intelligence. Et l'on boit immédiatement. C'est ainsi que les vivants se mettent en mouvement ou en action, la cause ultime du mouvement étant le désir, et celui-ci se produisant par la sensation, l'imagination ou l'intelligence. Lorsqu'on désire agir, c'est soit par l'appétit ou la pulsion, soit par le désir et la volonté, les uns produisant quelque chose, les autres se contentant d'agir.

[Mécanisme du mouvement]

C'est comme les automates qui se meuvent parce que des petits mouvements se produisent en eux, leurs ressorts étant libérés et s'actionnant les uns les autres, ou comme le petit chariot qui se meut de lui-même en ligne droite puis revient sur lui-même parce que ses roues sont inégales (la plus petite jouant le rôle d'un centre, comme cela se produit avec les cylindres [coniques]). Ainsi les vivants se meuvent-ils. Ils ont de tels instruments : la nature des nerfs et des os ; les os étant comme le bois ou le fer, les nerfs comme les ressorts. Lorsque les nerfs sont libérés et détendus, le vivant se meut.

[Les altérations, mouvements du corps vivant]

Pour les automates et les petits chariots, il n'y a pas d'altération, et si les roues intérieures devenaient plus petites puis plus grandes, elles se mouvraient en cercle de la même manière. Mais chez les vivants, la même partie du corps peut devenir petite ou grande, et sa figure peut se transformer; certaines parties se dilatent à cause de la chaleur, puis se contractent en changeant encore à cause du froid. L'imagination, les sensations et les pensées sont également altérées. Les sensations sont en effet des altérations qui surviennent sur-le-champ, et l'imagination ou la pensée possèdent la puissance des choses elles-mêmes. La forme pensée du chaud, du froid, de l'agréable ou de l'effrayant se trouve être d'une certaine façon telle que chacune de ces choses; c'est ainsi que l'on peut frissonner ou prendre peur par la seule pensée. Ces choses sont des affects et des altérations, et les altérations qui se produisent dans le corps sont plus ou moins importantes. Il est clair que des changements infimes à leur début produisent comme conséquences lointaines de grandes différences, comme le gouvernail dont une déviation minuscule provoque du côté de la proue un déplacement considérable. Il en va ainsi de l'effet causé par le chaud, le froid ou autre chose : quand l'altération parvient jusqu'au cœur et, en celui-ci, dans une partie dont la grandeur est imperceptible, elle produit dans le corps des changements majeurs : on rougit, on pâlit, on frissonne, on tremble, ou l'inverse.

COMMENTAIRE
L'intentionalité du mouvement animal

Si le traité *De l'âme* porte essentiellement sur le psychisme et sur sa structure, le *De Motu* fait partie des traités qui portent plus particulièrement sur les rapports entre la psychologie et la physiologie[1]. D'ailleurs, les chapitres 1 à 5 qui précèdent l'extrait présenté ici traitent des conditions mécaniques (externes et internes) nécessaires au mouvement des animaux. Le problème est de comprendre quelle est la *cause* du mouvement animal, notamment en tant qu'il se distingue des mouvements célestes perpétuels par son double aspect *spontané* – l'animal est un « automoteur », capable de se mouvoir sans être mû – et *téléologique* – en ce qu'il tend vers un but, une finalité. Cette analyse du mouvement et de l'action est tout à fait centrale dans l'étude aristotélicienne du vivant. Il y a, en effet, parmi les êtres naturels, ceux qui sont inanimés et ne peuvent que *subir* le changement ou le mouvement, et ceux qui sont animés et peuvent *produire* le mouvement. C'est cette

---

1. *Cf.* Aristote, *DA*, 433b18*sq*; M. C. Nussbaum, H. Putnam, « Changing Aristotle's Mind », art. cit., p. 37; P.-M. Morel, *De la matière à l'action. Aristote et le problème du vivant*, Paris, Vrin, 2007, p. 11.

dernière caractéristique qui distingue l'activité animale du mouvement des plantes et des mouvements célestes.

À cette étape, Aristote a insisté sur les conditions proprement mécaniques du mouvement et en particulier sur « le principe du levier »[1], à savoir la nécessité pour ce qui se meut de s'appuyer sur quelque chose d'immobile. Ce principe du moteur immobile est illustré par le mécanisme de l'articulation (par exemple, celle du coude) où la partie qui se meut pivote sur l'axe immobile de l'autre partie de l'articulation. De la même façon, d'un point de vue externe, les animaux doivent, pour se mouvoir, se reposer sur des éléments qui leur servent de point d'appui et ne sont pas eux-mêmes en mouvement, comme la terre ferme pour les animaux terrestres. Preuve en est que s'il est facile de faire quitter la rive à un bateau en prenant appui sur la terre ferme, il est quasiment impossible de le faire lorsqu'on est dans le bateau et qu'on ne prend appui sur rien d'immobile[2].

C'est ainsi que dans la *Métaphysique* (XII, 7, 1072a-b), Aristote expose que les mouvements célestes, qui sont éternels, doivent être mus par un premier moteur immobile, qui est une substance éternelle et imperceptible. Cependant, de même que le mécanisme des mouvements célestes éternels est à lui seul impuissant à expliquer la cause de ces mouvements (sans recourir à la cause finale qu'est le bien absolu vers lequel il doit tendre), il apparaît en effet que la seule physiologie animale ne suffit pas à expliquer le *principe moteur* du mouvement animal[3] : elle rend compte du mouvement en puissance, mais non en acte.

1. *Cf.* P.-M. Morel, *De la matière…*, *op. cit.*, chap. 2.
2. Aristote, *MA*, chap. 2.
3. *Cf.* P.-M. Morel, *Aristote*, Paris, Flammarion, 2003, p. 166.

L'objectif de l'extrait présenté est de comprendre quel est ce principe premier qui permet à l'animal de n'être pas purement passif, mais de produire son propre mouvement, et de comprendre comment il est mis en œuvre. Or, il est ici acquis que « la première cause motrice de l'animal est sa forme, c'est-à-dire son âme »[1] et qu' « il reste à savoir comment l'âme meut le corps, et quel est le principe du mouvement pour le vivant ». Cette âme est à la fois immobile et incorporelle[2], et constitue un principe de vie : elle n'est pas localisée dans le corps ou dans un organe du corps, mais se trouve à la fois dans toutes les parties de celui-ci en tant qu'organisme vivant. Si l'âme n'est pas localisée, c'est cependant par l'intermédiaire du cœur – qui est notamment l'organe de la vie, en mouvement perpétuel – qu'elle véhicule le mouvement à l'ensemble des parties de l'animal. Ainsi, si le cadre explicatif du mouvement animal est, nous allons le voir, essentiellement téléologique et finalisé, cela n'exclut pas la nécessité de conditions physiologiques (ou matérielles) suffisantes pour que le mouvement se produise. L'explication du mouvement animal combine donc une explication téléologique avec une explication nécessaire ou causale, « de même que la hache doit être faite d'un métal dur [condition matérielle] pour pouvoir fendre [finalité, fonction de la hache] »[3].

1. P.-M. Morel, *Aristote*, *op. cit.*, p. 166.

2. *DA*, I, 3, 405b31 *sq.*

3. P.-M. Morel, *Aristote*, *op. cit.*, p. 171. *Cf.* Aristote, *Partie des animaux*, I, 1, 642a6-13.

L'ÂME ET LE CORPS

Le traité *De l'âme* met en évidence la conception hylémorphique du vivant, qui rend compte de l'unité substantielle de la matière (le corps) et de la forme (l'âme) de l'individu vivant. Selon cette conception, l'individu n'est pas un composé et l'âme n'est pas comme une force vitale qui donnerait vie à l'automate. Le corps naturel est *déjà* un corps vivant (d'ailleurs, le processus de la reproduction ne transmet pas uniquement la matière mais aussi le mouvement, la vie). Si l'âme est principe de vie, c'est relativement à une matière qui est elle-même, en puissance, faite pour la vie. Autrement dit, l'âme ne vient pas animer la matière de manière contingente, elle est toujours l'âme d'un corps particulier. Et la matière est relative à la forme qui l'organise [1].

Cette distinction entre l'âme et le corps se double ainsi d'une distinction entre puissance (de la matière) et actualisation (par la forme). L'âme est la réalisation (ou l'entéléchie) des puissances du corps ; c'est en ce sens qu'elle est principe de vie. Si elle n'est pas elle-même en mouvement, elle rend possible le mouvement animal. Reste à déterminer comment.

Si l'unité de l'âme et du corps est une donnée fondamentale, car le vivant ne peut s'expliquer lorsqu'on sépare ces deux dimensions, l'âme et le corps possèdent cependant des propriétés différentes, l'un étant la matière et l'instrument de l'un et l'autre la forme et la finalité de l'autre. Dès lors, déterminer « comment l'âme meut le corps » ne peut consister à chercher dans l'âme seule le principe du mouvement des corps

---

1. P.M. Morel, *De la matière...*, *op. cit.*, p. 13. *Cf.* Aristote, *DA*, II, 1, 412 a-b.

animaux ; c'est dans l'unité de l'individu vivant qu'il va falloir chercher « le principe du mouvement pour le vivant ».

Nous avons vu que ce principe se distingue chez les êtres vivants de celui qui meut les êtres inanimés. Ces derniers sont « mus par un autre être » : il subissent le mouvement qui peut leur être impulsé soit par un être animé, soit par un être ina-nimé déjà en mouvement, « en s'entrechoquant », soit encore par le « premier moteur » qui est le principe premier de tout mouvement. Les êtres vivants sont, en revanche, des auto-moteurs : ils peuvent d'eux-mêmes passer de l'état de repos au mouvement. Voici une première caractéristique, centrale, du mouvement animal dont l'extrait présenté entend rendre compte. La seconde caractéristique du mouvement animal est son aspect téléologique : « tous les vivants se meuvent, ils se meuvent dans un but et ce but est pour eux le terme de la totalité de leur mouvement ». C'est cet aspect téléologique qui rend pertinent l'usage de la notion d'intentionalité dans l'explicitation de la philosophie aristotélicienne de l'action. En effet, bien qu'il soit possible d'expliquer le mouvement de la pierre qui tombe de manière téléologique – c'est la réalisa-tion en acte de ce vers quoi la pierre tend en puissance en raison de sa matière lourde –, nous verrons que son aspect téléo-logique (dont Aristote rend compte par ce qu'on appelle aujourd'hui le syllogisme pratique) fait la spécificité du mouvement animal.

LE MOUVEMENT DES ÊTRES ANIMÉS

Le mouvement des animaux a donc une double spécificité dont il faut rendre compte : il est spontané et finalisé. C'est par l'analyse des facultés de l'âme que Aristote va rendre compte de cette double dimension (sans négliger les aspects mécaniques décrits au chapitre 7). Cette analyse va nous permettre de retrouver la notion d'intentionalité.

Le principe du mouvement

Le troisième paragraphe du chapitre 6 condense la quasi-totalité de l'explication du mouvement animal du point de vue psychologique (qui implique néanmoins les aspects physiologiques) : « ce qui meut le vivant est le raisonnement, l'imagination, le choix, la volonté et l'appétit ». Au sein de cette liste des facultés qui entrent en jeux dans le mouvement, Aristote va distinguer les « facultés de jugement » et les « désirs ». Du côté des « facultés de jugement », auxquelles ressortissent le « raisonnement » et « l'intelligence », on trouve l'imagination et la sensation. Du côté des « désirs », on trouve « la volonté, la pulsion et l'appétit ». Or, « ce qui meut est à la fois objet de désir et de raisonnement » ; il convient donc de distinguer les rôles respectifs de ces facultés dans le mouvement. Voici le point important : l'objet (qui « meut à titre premier ») « n'est pas tout objet de raisonnement : c'est la fin de ce que l'on peut faire ». C'est donc fondamentalement *en tant qu'objet de désir* qu'il est le moteur du mouvement et c'est donc la faculté de désirer qui serait la faculté motrice première du mouvement animal.

De leur côté, les facultés de jugement jouent un rôle absolument nécessaire et non négligeable puisqu'elles permettent la *représentation* de l'objet. Comme nous le verrons, la sensation, par exemple, n'est pas purement passive, elle n'est pas pure réception de la forme de l'objet perçu : « quand c'est agréable ou pénible, c'est comme si la sensation disait oui ou non »[1]. L'imagination, qui dépend de la faculté sensible pour exister et s'exercer, tient un rôle similaire à celui de la sensation puisque « l'âme douée de réflexion dispose des représentations qui tiennent lieu de sensations. Et quand un bien ou un mal se trouve énoncé ou nié, il y a également un mouvement de fuite ou de poursuite »[2]. Ainsi, le mouvement est orienté en fonction de la perception ou de la *représentation* d'un bien ou d'un mal[3], par la collaboration de l'intelligence et du désir. Mais c'est en tant qu'il est posé comme *fin*, en tant qu'objet de désir, que l'objet suscite le mouvement. Il n'est pas nécessaire pour cela que cet objet soit le bien absolu, mais il lui suffit d'être un « bien apparent », comme « l'agréable ». C'est-à-dire qu'il suffit qu'il apparaisse comme un bien à celui qui le perçoit au moment où il le perçoit et relativement à une fin donnée. Par exemple, une part de gâteau pourra apparaître désirable à celui qui a faim, même si, en principe, il devrait s'en priver car il suit un régime. Ici, c'est seulement relative-ment à sa faim présente que la part de gâteau lui apparaît désirable et non pas parce que la manger constituerait un bien en soi[4]. C'est donc le bien apparent, en tant qu'il est objet de désir, qui suscite le mouvement animal ; mais comment ?

1. Aristote, *DA*, III, 6-7, 431a9, p. 235.

2. *Ibid.*, 431a14-15, p. 235.

3. La question du rôle prépondérant de la *phantasia* dans l'explication de l'action et de la formation du désir est une question délicate qui ne sera pas traitée ici. *Cf.* P.-M. Morel, *Aristote*, *op. cit.*, p. 172-173 ; *De la matière...*, *op. cit.*, p. 131 *sq.* ; M.C. Nussbaum, *Aristotle's* De Motu Animalium, Princeton UP, 1978, Essai 5.

4. L'*Éthique à Nicomaque* (trad. fr. J. Tricot, Paris, Vrin, 1994) regorge d'exemples illustrant cette distinction entre le bien absolu et le bien apparent.

Comment le désir meut

Le raisonnement ne peut à lui seul mouvoir les corps, car le simple constat qu'il faudrait faire quelque chose (par exemple boire pour étancher ma soif) ne suffit pas à mettre les corps en action. Il faut qu'à ce raisonnement s'ajoute le désir de la fin visée, il faut que cette fin vous apparaisse désirable : il ne suffit pas de savoir que boire de l'eau peut étancher ma soif, il faut en outre que je désire étancher ma soif. C'est donc le *désir* qui est la véritable force motrice de l'animal, même si ce désir doit s'accompagner de *représentations* : « c'est dans la mesure où il est capable d'appétit, que l'animal est apte à se mouvoir lui-même. Mais il n'est pas capable d'appétit sans représentation. Or toute représentation est ou bien calculatrice ou bien sensitive »[1], c'est-à-dire qu'elle « se produit, soit à travers l'intellection, soit à travers la sensation »[2].

C'est donc bien le désir qui meut, et pas la faculté cognitive. Cependant, comme l'expose clairement Aristote, le désir ne meut que s'il est associé à une représentation du désirable ; il semble donc se subordonner aux objets du désir. C'est le désirable (*to orekon*) qui serait alors le véritable moteur premier. Mais ceci semble remettre en cause l'automotricité animale[3], car dès lors le principe du mouvement n'est plus propre à l'animal mais prend la forme d'une cause finale externe (semblable à celle qui fait choir la pierre).

En réponse à ce problème P.-M. Morel cite la solution de D.J. Furley[4], qui nous met sur la piste de l'intentionalité.

1. Aristote, *DA*, III, 10, 433b25, p. 248.
2. Aristote, *MA*, 8, 702a17-19, trad. fr. de R. Bodéüs, note 6, p. 248 de *DA*.
3. P.-M. Morel, *Aristote*, *op. cit.*, p. 175.
4. D.J. Furley, « Self-Movers », M.L. Gill, L.G. Lennox, *Self-Motion from Aristotle to Newton*, Princeton UP, 1994.

Celle-ci consiste à concevoir l'objet du désir comme un objet intentionnel, c'est-à-dire un objet saisi par la faculté de représentation. Il n'est alors plus une cause finale purement externe, comme la force de la gravitation, mais c'est en tant qu'il est *conçu comme* désirable qu'il rend possible le mouvement. J.-L. Labarrière caractérise ainsi le désir comme un « moteur-mû »[1] et explique que si le désir était un « moteur non-mû », véritablement premier, il se confondrait avec « le mobile premier et éternel » qu'est le « beau éternel ». En effet, dit Aristote, « le premier [moteur] meut en demeurant immobile, tandis que le désir et la faculté désirante meuvent en étant mus ». Le désir est donc mû par un bien, qui n'est pas absolu mais relatif à une situation donnée, à un objectif contingent. Saisir cette caractéristique de désirabilité revient à voir ce qui peut apparaître désirable pour un agent relativement à un contexte donné et à la situation dans laquelle il se trouve alors[2]. Ainsi, « chaque vivant se meut de façon semblable à ce qui est perpétuellement mû par le moteur éternel, mais aussi de façon différente, car l'un se meut éternellement, alors que le mouvement des vivants a un terme ». Labarrière en conclut que si le désir est un moteur-mû, ce n'est pas parce que la faculté cognitive de représentation serait le moteur du désir. En effet, c'est en tant qu'il est *désiré*, et non pas en tant qu'il est *représenté*, que le bien en question entre dans l'ordre des choses pratiques[3].

« Le vivant se meut et se déplace par désir et par choix, une altération s'étant produite dans la sensation et l'imagination. »

---

1. *Cf.* Aristote, *Physique*, VIII.
2. Sur cette question de la relativité du bien visé dans l'action, voir G.E.M. Anscombe, *L'Intention*, *op. cit.*, p. 135 *sq.*
3. J.-L. Labarrière, « Désir, sensation et altération », art. cit., p. 151-152.

C'est donc cette collaboration particulière de l'intelligence et du désir qui fait la spécificité du mouvement animal : c'est cette *altération* (*alloiôsis*) de la sensibilité et/ou de l'imagination qui stimule la faculté désirante et rend possible le mouvement. La représentation ou la visée de l'animal automoteur n'est donc jamais purement idéale, mais toujours ancrée dans le réel et dans l'interaction entre l'être vivant hylémorphique et son environnement. C'est précisément cette altération nécessaire à l'émergence du désir qui fait la *spécificité* du mouvement animal par rapport aux autres mouvements mécaniques[1]. Ce qu'il y a d'intéressant eu égard à la question de l'intentionalité, c'est la nécessaire simultanéité de la représentation et du désir[2], qui exprime à la fois l'aspect situé dans un environnement donné de l'action (il faut qu'une altération se produise) et son aspect orienté vers un but (son caractère de visée).

LE SYLLOGISME PRATIQUE : DU DÉSIR À L'ACTION

La littérature sur le syllogisme pratique ne manque pas[3] et nous nous contenterons ici d'exposer son intérêt relativement à la notion d'intentionalité, qui est notre objet ici. S'il est possible d'envisager le syllogisme pratique comme une modélisation de l'action intentionnelle humaine[4], il est avant

---

1. *Ibid.*, p. 150 *sq.*
2. *Ibid.*, p. 161.
3. Le chapitre 7 du *MA* est longuement commenté par P.-M. Morel dans *De la matière...*, *op. cit.*, II, chap. 3 ; voir aussi J.-L. Labarrière, *Langage, vie politique et mouvement des animaux*, Paris, Vrin, 2004, p. 195-214 ; M.C. Nussbaum, *Aristotle's* De Motu..., *op. cit.*, Essais 1 et 4.
4. Ce que fait Anscombe (*L'intention*, *op. cit.*, § 42).

tout, comme en témoigne cet extrait, un modèle du mouvement animal en général [1].

En effet, si le désir est le moteur de l'action, il faut néanmoins expliquer [2] comment celui-ci se forme par l'altération. D'autant que, s'il est le principe premier du mouvement, il ne s'identifie pas strictement au principe du mouvement : le tempérant, par exemple, est capable de ne pas suivre ses appétits sur les bons conseils de sa raison [3]. C'est que désir et intelligence ne sont pas toujours des principes strictement étanches [4] : « le choix participe à la fois de la raison et du désir », tous deux sont à l'œuvre dans le syllogisme pratique.

Le syllogisme pratique a donc la forme du syllogisme théorique, mais sa conclusion est une *action* et non un « objet théorique ». Dans le syllogisme théorique, « lorsque l'on pense les deux prémisses, on pense et on pose la conclusion » :

Prémisse 1 : Tous les hommes sont mortels,

Prémisse 2 : Socrate est un homme,

Conclusion : donc Socrate est mortel.

Dans le syllogisme pratique, par contre, la première prémisse (ou prémisse majeure) exprime quelque chose de désirable (« J'ai besoin d'un vêtement pour me couvrir »), les prémisses suivantes examinent les moyens pour atteindre cette fin désirable et « la conclusion [qu'il faut faire un manteau] est une *action* ». Dans l'ordre de ce qui meut l'animal, note

---

1. M. Crubelier, « Le "syllogisme pratique"… », art. cit., p. 13 ; P.-M. Morel, *De la matière…*, *op. cit.*, p. 118 *sq.*

2. *Cf.* Aristote, *DA*, III, 9-10.

3. Aristote, *EN*, II, 6.

4. *Cf.* P.-M. Morel, *Aristote*, *op. cit.*, p. 197 *sq.* Contrairement à ce que suggèrent parfois les philosophies contemporaines de l'action inspirées de Davidson (« Actions, raisons et causes », *Actions et événements*, *op. cit.*, p. 15-36).

Aristote, « le déplacement est le dernier des mouvements à se produire », car il vient après l'altération et le désir. C'est l'aspect *téléologique* de l'action que met en avant le syllogisme pratique en indiquant que c'est la fin visée (comme désirable) qui conduit au mouvement ou à l'absence de mouvement (donc à l'action).

Un premier intérêt du texte d'Aristote tenait à ce qu'il présentait la spécificité du mouvement animal sans l'isoler de sa dimension mécanique. En montrant que le syllogisme pratique n'est pas propre à l'action humaine mais aux mouvements des animaux en général, Aristote redonne, par ailleurs, à l'aspect téléologique de l'action (et donc à son intentionalité) sa dimension objective, incorporée et immergée dans le réel. Le syllogisme pratique modélise[1] en effet *aussi bien* l'action spontanée ou instinctive de l'animal qui agit en suivant ses purs besoins primaires, que l'action réfléchie et élaborée des êtres rationnels, capables d'effectuer une action qui se trouve à distance de leurs mouvements[2] : « "Il me faut boire", dit l'appétit. "Ceci est buvable" dit la sensation, l'imagination ou l'intelligence. Et l'on boit immédiatement. » Voici un exemple d'action « immédiate », « par l'appétit ou par la pulsion », qu'on peut distinguer de l'action « par le désir et la volonté » qui émane d'un choix rationnel : « les uns produisant quelque chose, les autres se contentant d'agir ».

C'est donc la spontanéité du mouvement (dû à une altération) qui tend vers un but, qui unifie l'explication du

---

1. Sur cette vision du syllogisme pratique comme modèle descriptif plutôt que comme processus de déduction réel, voir P.-M. Morel, *De la matière…*, *op. cit.*, p. 122 *sq.* ; V. Aucouturier, « Explication, description de l'action et rationalité pratique chez Anscombe », *Klésis* 9, 2008, p. 33-62.

2. Voir le traitement du savoir pratique par Anscombe (cf. *supra*, p. 66 *sq.*).

mouvement animal et la distingue de celle des mouvements purement mécaniques ou des mouvements célestes. L'intentionalité de l'action, qui renvoie à la perception de quelque chose comme désirable – ou plus exactement à l'explication d'un comportement comme tendant vers un but désirable (pour l'être qui tend vers lui) –, fait sa spécificité. Mais l'intentionalité n'a pas besoin d'être saisie de l'intérieur, en première personne. Il suffit, pour voir l'intentionalité de l'action de voir en quoi un but visé peut paraître désirable du point de vue de l'être qui le vise : ceci s'applique aussi bien au chat qui guette un oiseau qu'à l'architecte qui construit une maison. L'intentionalité de l'action se manifeste par le fait que, non seulement il faut qu'une altération se produise dans l'animal pour qu'il puisse se mouvoir (ou pas), mais de plus « cette altération a partie liée à la fin poursuivie »[1], autrement dit c'est elle qui suscite le désir (la fin perçue comme désirable) devant conduire à l'action.

Tout porte donc à affirmer qu'il n'y a pas de rupture entre la dimension physiologique ou mécanique et la dimension intentionnelle du mouvement animal. Comme le dit Morel, « dans des conditions standards, l'implication de l'intention effective à l'action est aussi spontanée que la corrélation de l'agir et du pâtir est immédiate »[2]. Ainsi la faculté désirante est-elle un moteur-mû à la fois au sens où c'est l'objet désiré qui la met en mouvement et au sens où c'est l'intention de l'action qui simultanément suscite l'action de manière indissociable. C'est cette double complémentarité entre agir et

---

1. J.-L. Labarrière, « Désir, sensation et altération », art. cit., p. 150.
2. P.-M. Morel, *De la matière...*, *op. cit.*, p. 107. Cf. *MA*, chap. 8, 702a10-21.

pâtir et entre intention et action qui fait la dimension inévitablement psycho-physiologique du mouvement animal ainsi que son unité naturelle mécanique et téléologique. L'intentionalité de l'action n'ignore pas sa dimension mécanique, mais rend compte de son irréductibilité, c'est-à-dire de l'impossibilité de séparer ces deux dimensions.

Nous serions dès lors en droit de nous demander ce qui distingue le mouvement animal de l'action proprement humaine. Cette question ne sera pas développée ici[1]; cependant Aristote fournit dans cet extrait quelques éléments de réponse qui ont vraisemblablement influencé les lectures intentionalistes contemporaines du raisonnement pratique[2]. Alors qu'il semblerait que la plupart des animaux soient mus par leurs instincts ou leurs appétits dominants, ceux qui sont doués de langage sont capables de choix et de délibération. Ils sont capables de confronter et de comparer différents mobiles afin d'orienter leurs actions[3]. Action naturelle et action humaine différeraient donc par leur objet, la première étant guidée par des penchants et des besoins naturels, la seconde par un bien proprement humain, objet de délibération : un bien moral suscité par la quête non seulement du vivre, mais du bien vivre, dont il est question dans les traités d'éthique et de politique[4].

---

1. *Cf.* P.-M. Morel, *De la matière...*, *op. cit.*, III, chap. 2.

2. *Cf.* G.E.M. Anscombe, *L'Intention*; V. Descombes, *Le raisonnement de l'ours*, Paris, Seuil, 2007.

3. *Cf.* M. Crubelier, « Le "syllogisme pratique" ou comment la pensée meut le corps », A. Laks, M. Rashed (éd.), *Aristote et le mouvement des animaux*, Villeneuve d'Ascq, Presses Universitaires du Septentrion, 2004, p. 9-26.

4. Aristote, *EN*; *La politique*, trad. fr. J. Tricot, Paris, Vrin, 1995.

Physiologie du mouvement

Nous ne dirons, pour conclure, que quelques mots sur les mécanismes du mouvement exposés dans les deux derniers paragraphes du chapitre 7 du *Mouvement des animaux* où le mouvement animal est comparé au mouvement mécanique des automates. Quoiqu'il ne soit pas soumis au mouvement à la manière dont le sont les êtres inanimés, en tant qu'être corporel, le mouvement de l'animal est aussi tributaire des changements externes (de son environnement) et internes qu'il subit. Même si celle-ci ne saurait être le tout de l'action, nous ne pouvons donc extraire de l'explication du mouvement animal sa dimension mécanique. Ainsi, sous l'influence de causes physiques (comme le chaud ou le froid), «la même partie du corps peut devenir petite ou grande, et sa figure peut se transformer». Le corps peut également être mû sous l'influence de l'imagination, des sensations et de la pensée. Toutefois, si cette comparaison entre les causes physiques et les facultés montre certaines ressemblances entre les mouvements de l'automate et celui de l'animal, nous avons vu que la notion d'*altération* nécessaire à l'émergence du désir[1] crée une différence fondamentale entre les deux : «pour les automates et les petits chariots, il n'y a pas d'altération».

Ici, la philosophie de l'action d'Aristote a un intérêt tout particulier pour ce qui concerne la question de l'intentionalité. Non seulement, on l'aura compris, l'intentionalité n'est pas une pure capacité mentale car elle est celle d'un être incorporé, mais elle n'est rendue possible que par une altération (qui suscite la représentation du désirable) dont le paradigme est précisément la sensation. Or la sensation n'est pas un

---

1. J.-L. Labarrière, «Désir, sensation et altération», art. cit., p. 150 *sq.*

phénomène purement mental, mais reçoit ici au contraire une interprétation physiologique[1] : «les sensations sont des altérations qui surviennent sur-le-champ». Elles se distinguent en cela de l'imagination et de la pensée qui «possèdent la puissance des choses elles-mêmes». Dans la sensation, l'agréable ou le désagréable met immédiatement le moteur mû (le désir) en action. Dès lors, le rôle de l'intentionalité ou de la représentation est largement conditionné par l'environnement. Dans la pensée, «la forme pensée du chaud, du froid, de l'agréable ou de l'effrayant se trouve être d'une certaine façon telle que chacune de ces choses». Ici, c'est la représentation qui tient lieu d'objet intentionnel désirable ou pas. Mais cette notion d'altération suggère néanmoins qu'il y a un «primat de l'objet extérieur»[2], puisque ce n'est qu'en tant qu'elle peut *tenir lieu de la chose sentie* que la pensée peut produire l'agréable ou le désagréable à l'origine du mouvement. Traduite en termes d'intentionalité, cette vision de la production du mouvement spontané requiert une analyse de ce qui est visé dans l'action, non pas comme une chose purement mentale, mais comme ce qui peut tout aussi bien se présenter dans la sensation.

Il apparaît alors clairement que «la vie globale de l'animal est une coalescence d'actions organiques, elles-mêmes soustendues par des processus physico-chimiques, et non pas une pure réaction mécanique à l'environnement et aux événements extérieurs»[3]. Ainsi, Morel montre bien que l'animal n'est pas

1. Voir ce qu'en disent Nussbaum, Putnam, «Changing Aristotle's Mind», art. cit., ainsi que Labarrière dans «Désir, sensation et altération», art. cit., p. 161.
2. J.-L. Labarrière, *ibid.*, p. 164.
3. P.-M. Morel, *Aristote, op. cit.*, p. 179.

un « automoteur intégral », c'est-à-dire qu'il ne maîtrise pas tous les mouvements qui s'accomplissent en lui, mais qu'il est un « automoteur global » en ce qu'il « réalise l'unité de ses diverses activités »[1].

On comprend alors aisément comment toute une tradition de la philosophie de l'action a pu s'enraciner sur cette vision aristotélicienne du mouvement des animaux, qui se fonde non pas sur un réductionnisme psycho-physiologique, mais sur une analyse de l'action dans sa dimension plurielle, *à la fois* et indissociablement (donc irréductiblement) causale et intentionnelle ; analyse qui prend pour objet l'agent comme être vivant dans son entier, unité d'une âme et d'un corps, et qui ne cherche pas à réduire l'explication de ses mouvements à une seule de ses dimensions.

---

1. P.-M. Morel, *Aristote*, *op. cit.*, p. 178 *sq.*

TABLE DES MATIÈRES

QU'EST-CE QUE L'INTENTIONALITÉ ?

Imprimerie de la manutention à Mayenne (France) - Avril 2012 - N° 880559S
Dépot légal : 2ᵉ trimestre 2012